卓越团队的共同理念

THE COMMON IDEA OF EXCELLENT TEAM

杨可以◎著

中国财富出版社

图书在版编目（CIP）数据

卓越团队的共同理念 / 杨可以著 .—北京：中国财富出版社，2014.1
ISBN 978-7-5047-4866-9

Ⅰ.①卓…　Ⅱ.①杨…　Ⅲ.①企业管理－组织管理学　Ⅳ.①F272.9

中国版本图书馆 CIP 数据核字（2013）第 228949 号

策划编辑　范虹轶　　**责任印制**　方朋远
责任编辑　丰　虹　　**责任校对**　饶莉莉

出版发行　中国财富出版社
社　　址　北京市丰台区南四环西路 188 号 5 区 20 号楼　**邮政编码**　100070
电　　话　010-52227568（发行部）　010-52227588 转 307（总编室）
　　　　　　010-68589540（读者服务部）　010-52227588 转 305（质检部）
网　　址　http://www.cfpress.com.cn
经　　销　新华书店
印　　刷　三河市西华印务有限公司
书　　号　ISBN 978-7-5047-4866-9/F · 2052
开　　本　710mm × 1000mm　1/16　　**版　　次**　2014 年 1 月第 1 版
印　　张　15.75　　**印　　次**　2014 年 1 月第 1 次印刷
字　　数　218 千字　　**定　　价**　35.00 元

序 言

如今我们已经步入了经济全球化时代，伴随着市场经济的高度发达，市场竞争已经进入白热化阶段。有竞争必然就有优胜劣汰，当然团队（包括企业或公司在内）之间的竞争也逃不掉这一自然法则。据《中国中小企业人力资源管理白皮书》调查显示，我国中小企业平均寿命仅2.5年。可见，很多企业都是“壮志未酬身先死”。然而，在残酷的市场竞争当中仍然有很多团队成为时代的弄潮儿，并且永立潮头。据我们研究发现，这些团队有一个共同的特点，那就是都有自己的共同理念。正是这些共同理念的形成，才使它们成为卓越团队。由此可见，卓越的团队离不开共同理念！

实践证明，一个有共同理念的团队，其成员都有大局意识、协作精神和服从精神。这样的团队向心力和凝聚力往往很高，因此执行力也很高。所以，一个团队要想在市场竞争当中永立不败之地，就要倾力打造团队的共同理念！

如何打造卓越团队的共同理念？《卓越团队的共同理念》一书就为您讲述了一个团队要成为卓越团队需要具备的十八个共同理念。在书中，每个共同理念下面都有启迪人们心灵的经典语录。每个理念分别用三节来阐述，每一节之前都提了几个经典问题，启迪读者思考，并且每个问题都能在书中找到答案。

本书更值得一读的地方是用故事与理论相结合的文字来印证理念，不仅增加了文章的趣味性，还通过故事引发读者深思，让读者在吸取故事经验教训的同时能够更加深刻地理解卓越团队的共同理念。在文章当中，还穿插了一些和故事有关的图片，使得图文并茂，不但能够帮助你理解理念，而且还能带给你美的视觉享受。

在每一个“理念”最后都做了相应的总结，这能够让你对理念的记忆更加深刻。

团队理念是组织文化的一部分，良好的理念可以充分调动团队成员的积极性，让您的团队成为战无不胜、攻无不克的卓越团队。所以，我们一定要遵守卓越团队的十八个共同理念！

本书能在较短的时间内出版，真诚感谢秦富洋、方光华、陈德云、刘星、曾庆学、李志起、杨勇、李高朋、孙汗清、陈春东、张旭婧、王京刚、陈宁华、王军生、辛海、蒋志操、王咏等人在制图、文字修改以及图书推广宣传方面的协助。

作　　者

2013 年 9 月

目 录

卓越团队的共同理念之一
态度决定成功

你想达到什么状态，就直接跟那个状态产生关系，不是去修，不是去学，不是去悟。

——杨可以

第一节　成功是因为态度

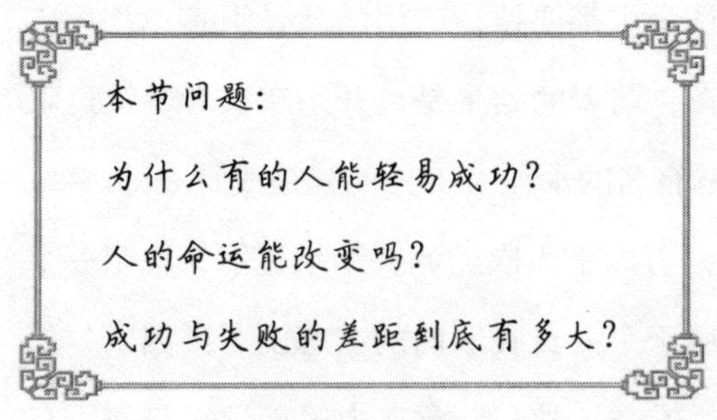

本节问题：

为什么有的人能轻易成功？

人的命运能改变吗？

成功与失败的差距到底有多大？

每个人都渴望成功，每个人又都在追求成功，但真正获得成功的人寥寥无几。于是，很多人抱怨自己的运气不好，没有遇到成功的机会。其实，机会无处不在，关键看你怎样去发现它。

有人问：“到底如何才能成功？”其实，成功并不难，而是要看你对成功抱有什么样的态度。成功本来就是一种选择，是一个决定，如果你选择了走向成功的态度，你就一定可以获得成功，只是成功的时间未定而已。

美国伟大的哲学家威廉·詹姆斯曾经说过：“我们这一代最伟大的发现是，人类可以经由改变态度而改变自己的生命。”由此可见，一个人的心态，不仅仅决定着事情的成败，还决定着人生的成败。

你曾听过日本水泥大王浅野一郎成功的故事吗？

一天，两个一贫如洗的青年来到东京谋生。两个人都处于饥寒交迫中，好不容易找到一个有水的地方，但万万没有想到，这里的水竟然是收费的！第一个年轻人听后绝望地喊道：“这个鬼地方！连水都要花钱买！”然后扭头就走了。而另外一个年轻人却想：“东京这个地方居然连水都能卖钱，那

肯定有很多机会可以让我发展！”于是就打定主意坚持留了下来开始创业。

“水居然都要钱”和“水居然都能卖钱”，两句话看似意思相同，却反映了两种截然不同的态度，也就产生了两种截然不同的结果。如果认为水都要钱，产生的就是沮丧；相反，认为水都能卖钱，产生的却是兴奋，前者的结果是离开东京或者继续过艰难的生活，后者却成为了日本赫赫有名的水泥大王，他就是浅野一郎。

根据“影响力训练” 机构对两万以上人次的调查结果显示，决定一个人成功最关键的要素中，80% 是属于个人自我取向的“态度”类因素，如积极、努力、信心、决心、恒心、雄心、爱心、意志力等；13% 是属于自我修炼的“技巧”类因素，如各种能力；7% 是属于运气、机遇、环境、时间、天赋、背景等所谓的“客观”因素。

能否具备技巧，是因为我们的态度，因为技巧根源于态度。

能否驾驭客观因素，还是因为我们的态度，因为它根源于我们对待客观因素的态度以及把握客观因素的技巧，而“技巧”已被证明属于“态度”。

成功是因为态度！让我们记住这一令人吮指回味的结论，让我们用这样的思维方式来思考这个问题，用这样的思维方式来分析过去，把握今天，准备未来。

爱因斯坦有一个关于成功的公式：成功 =1% 天赋 +99% 汗水。成功当然需要一定的天赋，然而最终起决定性作用的一定是那占 99% 的“汗水”。靠小聪明，成不了大器；要成大器，还要靠那 99% 的“汗水”……

实际上，爱因斯坦的成功公式里面讲的天赋和汗水就是主观因素和客观因素。客观因素是成功的重要因素之一，但是，真正决定“客观因素”如何在个人身上起作用的，一定不是“客观”因素本身，而是个人把握“客观因素”的能力、技巧，以及对待“客观因素”的态度。也就是说，“客观因素”在成功者的字典里同样也属于“态度”。

爱因斯坦的成功公式同样证明了，成功 100% 都是因为我们的态度！这是一个“可怕”的结论，也许令你感到震惊。

人与人之间的差别，一开始仅在于对待问题的方式不同而已。成功者之所以成功就在于他们总是用积极的心态去对待问题。

没有人注定会成功，也没有人铁定会失败，关键就在于你用什么样的态度来对待问题。在职场当中，一个人的态度不仅决定着个人能否成功，也决定着团队能否成功。积极向上的态度和团队精神是团队成功的正能量。积极向上的态度，决定团队的执行力，可使之形成凝聚力，形成共同的价值观，使团队具有强大的战斗力。

艾森豪威尔将军在第二次世界大战中就讲过一句至理名言：“没有乐观精神，胜利只是昙花一现。”可见，一个团队要想取得长期的胜利，首先要具备积极乐观的态度。怎样才能使一个团队保持积极的态度呢？

有人总结出了保持积极态度的八大要素。我觉得无论是在工作，还是在生活当中要想保持积极态度都离不开这八大要素。

（1）乐观。英国著名作家兰布里奇曾经说过：“两个人同时从一个栅栏往外看去，一个人看到的是泥土，另一个人看到的却是繁星。”这说明心态决定一切，乐观的人随时随地都能感受到快乐，而这种乐观是保持内心和谐、积极、向上的一种能力。只有具有这种能力的人才具有积极的处世态度。

（2）热情。只有具有工作热情，才能带着热忱和信心全力以赴，不找任何借口地去工作。有了工作热情，我们才能积极地投入工作，不怕困难，不辞劳苦。

（3）勇气。要有不怕困难，承担风险的勇气。哪怕是在未来不确定的情况下也不推卸自己的责任。

（4）决心。决心能够让人坚持工作，不达目标不罢休。

（5）耐心。耐心是一个人必备的品格，耐心是为了找准工作的方向，等待成功的机会。

（6）冷静。冷静的人才懂得反省和思考工作的经验教训。

（7）诚实。人无诚不立，信守承诺，保持公平、公正，才会有正确积极的处世态度。

（8）信任。信任是承诺的核心。如果你不值得信赖，就谈不上对事业的忠诚，也不会有可持续的成功。员工和企业有时就像球队，只有当所有队员都忠实、值得信赖时，这个球队才能赢。当你值得信赖时，你也将赢得别人的信赖。

团队领导要注意从以上八个方面来培养团队成员的积极心态，增强团队的凝聚力和战斗力。

第二节　积极的心态+正确的方法=成功

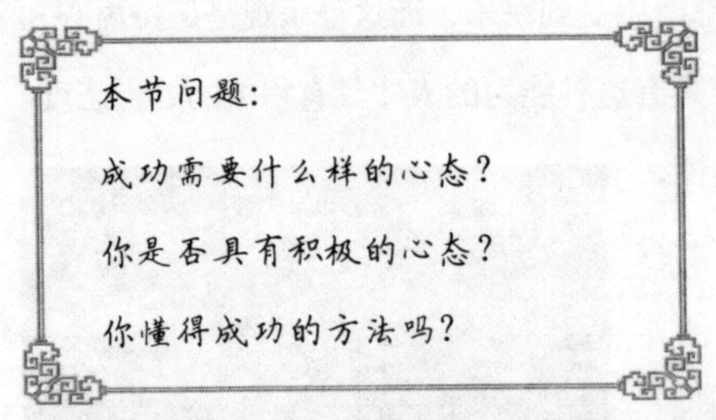
本节问题：

成功需要什么样的心态？

你是否具有积极的心态？

你懂得成功的方法吗？

狄更斯说：“一个健全的心态，比一百种智慧更有力量。”心态决定命运，心态决定成败，心态决定状态，心态决定一切。心态在心理学上主要指动能心素、复合心素所包括的各种心理品质修养和能力，是性格和态度的统一。一个人能否在事业上获得成功，很大程度上取决于是否始终有乐观积极的心态。心态决定一个人对待事物的态度。通过一个人的态度能够看到他的心态，根据他的心态又能判断他的能力。

我们对待事物的态度可以分为两种，一种是积极的，正的；另一种是消极的，负的。积极的心态有助于人们克服困难，使人看到希望，保持进取的旺盛斗志。消极的心态使人沮丧、失望，对生活和人生充满了抱怨，自我封闭，限制和抹杀自己的潜能。积极的心态创造人生，消极的心态消耗人生。积极的心态是成功的出发点，是生命的阳光和雨露，让人的心灵成为一只翱翔的雄鹰。消极的心态是失败的源泉，是生命的慢性杀手，使人受制于自我设置的某种阴影。选择了积极的心态，就是选择了成功的希望；选择了消极的心态，就注定要走入失败的沼泽。假如你想成功，想把美梦变成现实，就必须摒弃这种抹杀你的潜能、摧毁你的希望的消极心态。

有积极心态的人处处都能发现成功的机会。他们不会在意事物消极的一面，而是能够积极创造机会，并运用正确的方法促进成功。网上流行的非洲卖鞋的故事就说明了这个道理。

因为要拓展非洲市场，亚洲某鞋子制造厂委派两位行销人员到非洲考察。甲君在非洲待了几天，举目所见都是赤脚的非洲人。他颇为颓丧，原因是没有人穿鞋，意味着没有市场。于是他便向总公司汇报有关情况，同时订购回国机票。而乙君到了非洲视察之后，发现大家都没有穿鞋子，市场潜能非常可观。他连夜致电总公司，催促加速生产，以应对未来的需求。

甲乙两君同样考察非洲市场，却得到两种截然不同的信息。乙君以乐观的心境看到希望，在第一时间催促公司加速生产，以供应非洲市场。但是，鞋子运到非洲以后，一双也没有卖出去。

原来，非洲人世代以来都是赤脚的，他们没有穿鞋的习惯，也不懂得穿鞋，鞋子无法激起他们的感动；再加上长期赤脚的原因，脚趾左右张开，一般中国或亚洲设计的鞋子，都不符合他们的需求。

为了使鞋子能够在非洲畅销热卖，该鞋厂又派丙君前去开发市场。丙君到达非洲后，根据非洲人的脚形进行了深入的研发，量脚订制，让他们穿起鞋来感到舒适。

另外，丙君也非常重视行销策略，并执行到位。他选择非洲人的重要节庆，在人潮攒动的广场竖起一大塑像，用一块大布将塑像掩盖着，以保持神秘感。等到节庆开幕的那一天丙君邀请非洲名人主持揭幕礼。当司仪带动高喊：三、二、一，人群中爆发“哗”的惊叹——非洲人看到自己敬佩的领袖穿着奇特的鞋子；另有舞者穿着美丽的鞋子翩翩起舞的舞蹈呈献。穿鞋子于是变得非常时髦，大家有样学样，千万双鞋子很快便被抢购一空。

虽然这个故事纯属虚构，它却给了我们很大的启发。甲君悲观消极，缺乏市场洞察力，被表面现象所蒙蔽，结果入宝山而空手归。乙君乐观进取，阳光心态让他看到别人所看不到的情况，做出独特的判断，看准庞大市场，主动创造机会，捷足先登，无奈没有掌握市场策略，结果功亏一篑。丙君吸取他人的经验，在调研和执行力方面下足功夫，结果生意红火。

这个故事告诉我们，消极悲观者丧失良机，积极乐观者创造机会。拥有积极心态，用对方法就能够成功。

一个人在事业上所能达到的高度，并非由人的其他因素决定，而是由自己的心态所决定，因为我们的心态在很大程度上决定了自己人生的成败。

美国成功学学者拿破仑·希尔关于心态的意义说过这样一段话：“人与

人之间只有很小的差异，但是这种很小的差异却造成了巨大的差异！很小的差异就是所具备的心态是积极的还是消极的，巨大的差异就是成功和失败。”这再次说明了具有积极心态的人才能获得成功。

心态不只影响工作，而且决定人一生的命运。人们常常感叹生命无常，人生充满着许多未知，但是面对无法把握的外部世界，我们还可以把握自己的心态。上帝是公平的，它赐给了每人一个法宝。法宝的一面写着“积极心态”，另一面写着“消极心态”。如果你选择积极的心态，它就能够助你顺利达到人生的顶峰；如果你选择消极的心态，那只能是一生处于贫苦与不幸之中。所以，有什么样的心态就会有什么样的人生。

每个人都希望自己成就一番大事业，这是人的共性。但是，有些人天天想着做大事情，刚刚步入社会，甚至还不了解社会就认为自己有知识、有能力解决社会上的大问题。这种不切实际的想法，往往会使其忘记了应该做好自己能够做的小事情，甚至是连自己的本职工作都做不好。所以，积极的心态，不是高估自己，认为自己很了不起，想干什么就能够干成什么，而是要切合实际，端正工作态度，认真踏实地做好自己的本职工作再图大的发展。

第三节 态度的力量

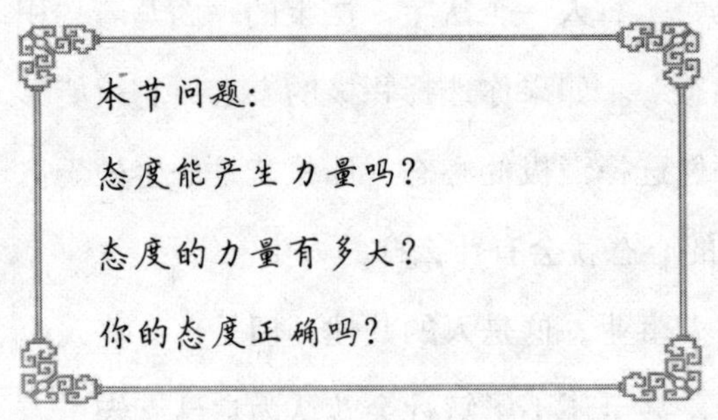

本节问题：

态度能产生力量吗？

态度的力量有多大？

你的态度正确吗？

你相信态度会产生力量吗？这个问题的答案是肯定的，因为就连动物对待事物的态度都能够产生强大的力量。

若干年前，罗伯特博士在哈佛大学曾主持一项为期6周的老鼠通过迷阵吃干酪的实验。实验的对象是三组学生和三组老鼠。

他对第一组学生说："你们太幸运了，因为你们将跟一大群天才老鼠在一起。这群老鼠非常聪明，它们将迅速通过迷阵抵达终点，然后吃完许多干酪，所以你们必须多买一些干酪放在终点喂它们。"

他对第二组学生说："你们将和一群普通的老鼠在一起。这群老鼠虽不太聪明，但也不太愚笨，它们最后还是会通过迷阵抵达终点，然后吃一些干酪。只是因为它们的智能平平，所以不要对它们期望太高。"

哪只老鼠更聪明？

他对第三组学生说："很抱歉！你们将跟一群愚笨的老鼠在一起。这群老鼠笨极了。因此它们的表现会很差，如果它们能通过迷阵到达终点，那是意外，所以，你们根本不用准备干酪。”

六个星期之后，实验结果出来了。天才老鼠迅速通过迷阵，很快就抵达终点；普通老鼠也到达了终点，不过速度很缓慢。至于愚笨的老鼠，只有一只通过迷阵，到达终点。

有趣的是，在这项实验中，根本没有所谓的天才老鼠与愚笨老鼠，它们通通是一窝普通的老鼠。

学生们当然不懂老鼠的语言，然而老鼠却知道学生对它们的态度。这项实验证明了态度的神奇力量。既然态度能产生神奇的力量，那么我们应当对人生、事业、工作采取什么样的态度呢？你的态度决定了你是天才的，还是愚笨的。用心去体验吧，然后端正心态，保持风度。

无论做什么事情，没有正确的态度一定不会成功。然而有了正确的态度也不一定能成功，态度必须要转化成行动（力量）才能够成功。我们在工作当中需要将组织的目标和个人的行动完美结合。在这个过程中，还需要有正确的行动方法。

工作就像是建造楼房，需要一步步踏踏实实地进行。态度就像楼房的地基，只有积极、坚定、有力的地基建造起来的楼房，才能经得起风吹雨打。

怎样才能让自己在职场当中保持积极的心态，让自己对待事物的态度产生正能量呢？实践告诉我们，做到以下几点你的态度就会产生巨大的正能量。

第一，在遇到挫折的时候，注意寻找这个事件的正性动机，换一个角度看问题，理解人或接纳人。

第二，学会有效沟通。遇到问题要及时找相关部门沟通，看对方的回应。沟通的效果由说者控制，由听者决定，所以，有效的沟通是能让对方听明白，有互动，才不会彼此误解。

第三，遇事不要墨守成规，要学会多角度思考问题，善于打破条条框框的束缚，找到解决问题的最好方法。

第四，时刻给自己输入正能量，告诉自己——成功、学习、自信、我能行等，轻松应对工作中遇到的难题。

第五，学会真诚地表达。在与人交流时要善于倾听别人的表达并真诚地赞美别人。愉快的沟通能够带给人好心情，并有利于良好心态的养成。

第六，做行动的巨人，说话的矮子。不要动不动就给人讲大道理，结果比道理重要，拿出实际行动给人看，比滔滔不绝地讲道理更能让人信服。

第七，你关注哪一方面，事情就会向哪一方面发展。生活当中我们往往会遇到这种情况，越是害怕某事发生，某事偏偏找上你。比如，你骑着自行车看到前边路上有几块碎玻璃，你只想别碰上玻璃，结果真的碰上了。所以，我们要多关注事物好的一面，看到事物的优势。

第八，保持愉快的心情。当失意的时候，多想想自己成功的一面。不要耿耿于怀已经发生的事情，更不要后悔自己当初的选择，任何时候一个人做出的选择都是当时最适合他自己的，所以不要自责，要学会接纳自己。

成功是技能和心态的结合体，在获得成功的过程中，我们的心态起到了主要作用，因此，在我们无法改变外界事物的时候，完全可以通过调整自己的心态来获得成功。而积极的心态不是一朝一夕就能练就的，这需要长期培养，所以，在日常生活和工作当中，我们每个人都要注意从以上八个方面来培养自己积极的心态，时刻等待成功的到来。

本章结论：

1. 我们必须把旧的习惯、旧的传统抛弃，使我们可以重新飞翔！

2. 我们需要的是自我改革的勇气和再生的决心！

3. 机会青睐于态度积极的人！

卓越团队的共同理念之二
不是不可能，只是暂时没有找到方法

成功才是对现实最好的报复。

——杨可以

第一节　不是不可能，只是暂时没有找到方法

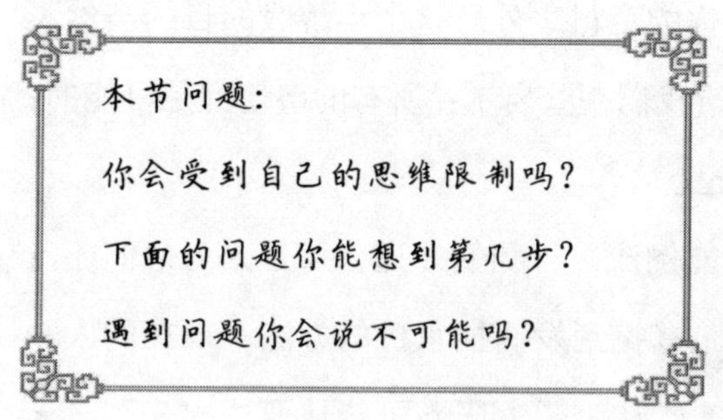

本节问题：

你会受到自己的思维限制吗？

下面的问题你能想到第几步？

遇到问题你会说不可能吗？

有一道“一笔画”的小智力题，九个点分布在三行，每行三个点，排成一个正方块状，要求用四段直线一笔将这九个点连起来。

起初，人们十有八九会落入一个小小的陷阱——在九个点围成的框中打转转，且发现至少要5段以上的直线才能连成。结果是，要找到答案，必须在思维上突破这九个点所围成的框框的限制。

游戏的第二步是，要求只用3段直线将同样的这九个点一笔连起来。此时，几乎所有的人都会陷入困惑：这不可能。其实，答案也十分简单，用一条“Z”字线即可一笔连成。不过，最快找出这个答案的恐怕十有八九是那些没有学过数学的孩子。因为作为成人，不知不觉中，我们已被另一些“框框”所框住。框框之一：数学上有一条基本公理：两条平行线永不相交。可爱因斯坦的《相对论》告诉我们，两条平行线无限延长，会在无限远的地方相交于一点。框框之二：数学上有另一个基本假设：点没有大小。其实，现实中任何一点都会有大小。突破这一限制，只要无限延长“Z”字三段线，九点必可一笔连。

游戏的第三步是，要求只用一条直线将这九点一笔连起来。相信至此，我们已可轻易找到答案，因为只要再次突破数学上“线没粗细”的框框，用一条很粗的线将九点全部包含其中即可。

不是不可能用四段直线一笔连九点，只是暂时还没有找到方法。现实生活中所有的发明创造也许都是建立在打破前人所设定的“框框”的思维定式基础上。游戏的答案也许在你的意料之外。这个小游戏的目的当然不是要挑衅数学的权威，它只是在给我们一些启示：所有的事情都是可能的，只是我们暂时还没有找到方法而已。

以前的人一定认为“水不可能倒流”，我们知道，那是因为他们还没有找到发明抽水机的方法；现在的人一定认为“太阳不可能从西边出来”，未来的人则会说，那是因为我们还没有找到让人类能居住在另一个太阳正好从西边出来的星球上的方法而已。

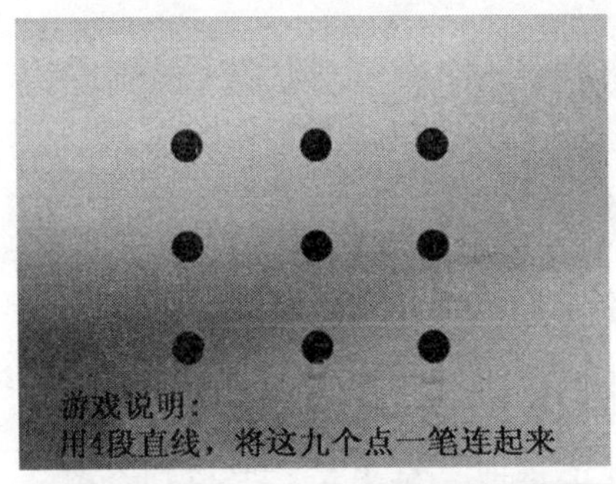

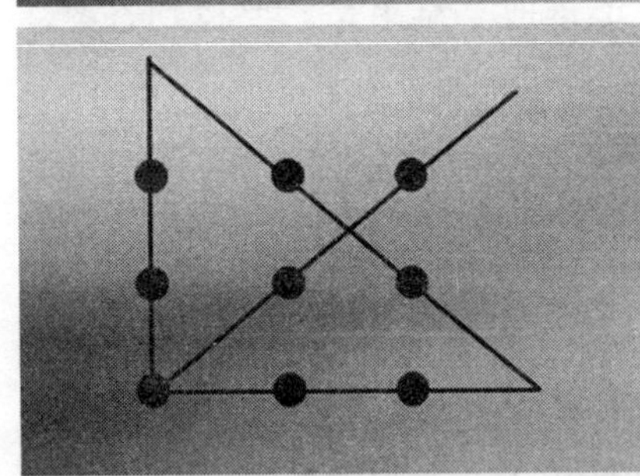

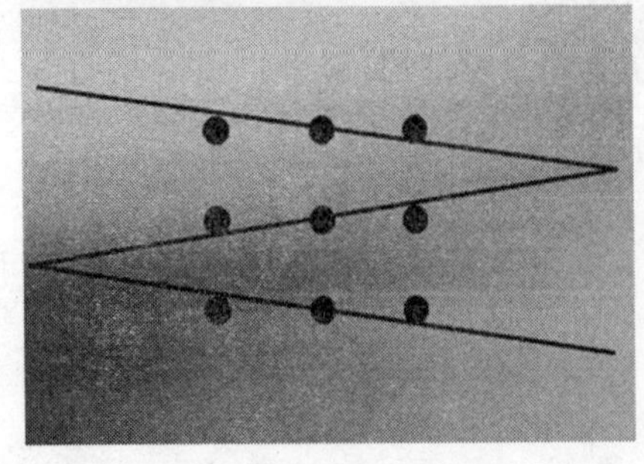

不是不可能，只是暂时还没有找到方法，我们不要给自己太多的压力，不要总是“自我设限”。

假使一个人或者一个企业已经习惯说“这不可能，那不可能”，“不可能”已成为他们的口头禅。那么，这样的“氛围”也许就注定他们在竞争的大潮中难有辉煌。成功永远属于那些不说“不可能”的人。

有人问你：在一家超市一天内推销一瓶红酒，能做到吗？

你或许会说：非常容易。

那么有人继续问你：推销汽车，一天一辆，能做到吗？

你也许会说：那就不一定了。

那么继续要求你好多年都是每天卖出一辆汽车呢？

你肯定会说：不可能，没有人能做到。

但世界上就有人能做到，这个人在15年的汽车推销生涯中总共卖出了13001辆汽车，平均每天销售6辆汽车，而且全部都是一对一销售给个人的，他也因此创造了吉尼斯汽车销售的世界纪录，同时获得了“世界上最伟大的推销员”的称号，这个人就是乔·吉拉德先生。在美国经济大环境最紊乱的时期，1964年越战开打，美国经济受战事拖累，1973年全球爆发第一次石油危机，经济不景气使得美国汽车销售量下滑，但他在逆势中，一年还能卖出1400多辆车子。

当他第一次走进汽车经销店提出不让任何一个跨进门的客户流失时，被雇主嘲笑，但当他一天打了八九个小时的电话以后，并在晚上8：50卖出一辆车时，他的诺言得到了证实，让雇主对他刮目相看。就这样，当他被称为“世界上最伟大的推销员”时，仅仅用了3年时间。

乔·吉拉德用他的实际行动证明了——不是不可能，只是暂时还没有找到方法。所以，在工作当中我们千万不要说“不可能”，在事情未开始之前也不要说“我不行”。只要想办法去做，就没有什么不可能。千万不要让“不可能”成为自己的口头禅，否则你就会在心里给自己限定一个“高度”，而这个高度常常暗示自己的潜意识：成功是不可能的，这个事情是没有办法做到的。有了这种潜意识后，人就不敢去追求成功，从而也追求不到成功，最终会被那些只是专注寻找解决事情方法的人所淘汰。

理论是行动的指南，有什么样的理念，自然会产生什么样的行为，也就会产生什么样的结果。让我们调整好自己的注意焦点，把“不可能”这个极其消极的字眼从我们的“词典”中永远删去。失败一定有原因，成功一定有方法。所以，遇到难题的时候，先不要急于对自己下定论，说“不可能”，而是努力寻找解决问题的方法。即使有时真的解决不了，我们也要记得：不是不可能，只是暂时还没找到方法而已。

第二节　将脑袋打开1毫米

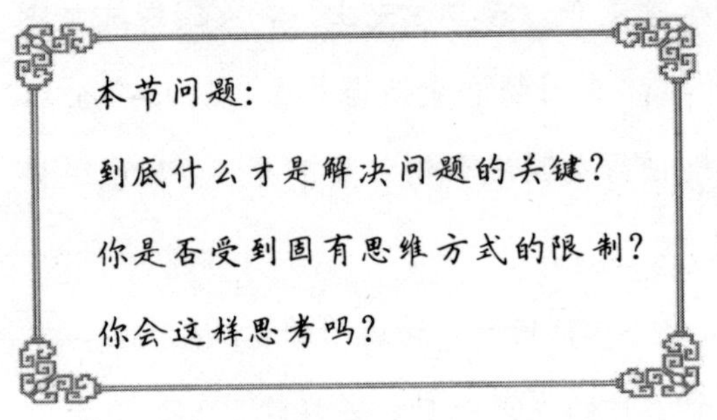
本节问题：

到底什么才是解决问题的关键？

你是否受到固有思维方式的限制？

你会这样思考吗？

作家Valerie Andrews在WebMD Medical News网站的Fix Common Thinking Errors文章中说：“哲学家和诗人们一直以来都认为，你的思想是你最大的敌人。正如莎士比亚所说：‘事情没有好与坏，只在于你如何看待。’”20世纪70年代提出认知治疗法（Cognitive Therapy）的Aaron Beck也认为：人们的许多心理问题来自意识思维的习惯性假设，而不是来自潜意识下的恐惧和渴望。所以，在遇到问题的时候，我们究竟能不能解决问题，最关键的是我们怎样看待问题。

美国有一家生产牙膏的公司，其生产的产品质量优良，包装精美，深受广大消费者的喜爱，每年营业额蒸蒸日上。记录显示，前十年每年的营业额增长率为10% ~ 20%，这令董事部雀跃万分。

不过，业绩进入第十一年、第十二年及第十三年时，则停滞下来，每个月维持同样的增长额。董事部对这三年的业绩表现感到不满，便召开全国经理级高层会议，以商讨对策。

会议中，有名年轻经理站起来，对董事部说："我手中有张纸，纸里有个建议，若您要使用我的建议，必须另付我五万美元！"

总裁听了很生气："我每个月都支付你薪水，另有分红、奖金，现在叫你来开会讨论，你还另外要求五万美元，是否太过分？"

"总裁先生，请别误会。您支付的薪水，让我在平时卖力地为公司工作；但是，这是一个重大而又有价值的建议，您应该支付我额外的薪水。若我的建议行不通，您可以将它丢弃，一分钱也不必付。但是，您损失的必定不只五万美元。"年轻的经理解释说。

"好！我就看看它为何值这么多钱！"总裁接过那张纸后，阅毕，马上签了一张五万美元的支票给那位年轻经理。那张纸上只写了一句话："将现在的牙膏开口扩大1毫米。"

总裁马上下令更换新的包装。

试想，每天早上每个消费者多用1毫米的牙膏，每天牙膏的消费量将多出多少倍呢？这个决定，使该公司第十四年的营业额增加了32%。

一个小小的改变，往往会收到意想不到的结果。当我们面对新知识、新事物或新创意时，千万别将脑袋封闭，置之于后，而应该将脑袋打开1毫米，接受新知识、新事物。也许一个新的创见，就能让我们从中获得不少启示，从而改进业绩，改善生活！

现实生活中有很多类似的现象。因为我们少了一些思考，于是多了一些思维上的死角，少了一些创意。我们总是习惯于墨守成规，没有想过另辟蹊径，这种既定的思维方式往往让我们得到不

恰当的结论。其实，很多事情换一种思维方式，结果就会不一样。

思维方式决定着一个人的成败，每一种优秀的思维方式都是一条通往成功的路。任何一种事物都包含很多不同的方面，只要我们换一个角度进行思考就会有新的发现。人类的任何新创意都是建立在打破旧的思维方式之上的。打破，才能得生机。这是司马光思维的精髓所在：只有打破旧思维的桎梏，思路才会见光明。

但是，我们看待事物或认识世界往往存在思维偏好。有些思维偏好能够促使你快速地做出决策并解决问题，而有些思维偏好却会阻碍你的发展。思维偏好是从人的幼年开始形成的，一旦形成很难改变。思维偏好的存在是必要的，但同时让我们很难看到其他可能的观点和信念。例如，如果你的思维偏好告诉你自己经营一家公司会冒很大风险，结果是你很可能会错过一个很好的商机。

有人发现：一个组织或者整个行业同样会受限于它们的思维偏好。当在组织中的每个人拥有相同的思维偏好时，这种偏好会自我强化，没有人会质疑，其他任何的观点会被限制或者被忽视。这就是从内在改变一个组织是如此困难的原因。许多重大改变来自行业外，或者来自那些拥有不同思维偏好的人，他们会带给行业不同思维偏好，使得行业内敢于进行不同思考。例如，Virgin 改变了人们对航空公司的思维偏好；苹果改变了人们对音乐和手机的思维偏好，等等。

实际上人们固有的思维方式就是一种思维偏好，我们在遇到一些棘手的问题貌似无法解决的时候，只有打破固有的思维方式，换一个角度想问题，才能找到问题的解决方法。事实证明，要打破固有思维方式的枷锁，就要走出以下思维误区：

1．思想偏激

经理让同事小 A 写这个月的部门工作汇报，以前都是让你写的，为什么不让你写了呢？你觉得经理一定是对你的工作表现不满。

事实是：经理想锻炼一下小 A，从而让你有更多的时间处理其他的事情。

2．以偏概全

因为否定事物的一个方面，就全盘否定整个事物。第一次去拜访一位潜在客户，因为他对你态度不好，你就断定他不会购买你的东西。

事实是：你去拜访客户的时候，他正遇到一件很棘手的事情要处理，根本没有心思理你。

3．轻视自己

因为自己从来没有当众表演过节目，就认为自己肯定不行，上不了台面，因此从不参加公司组织的任何文艺活动。

事实是：没有人在意你表演的好不好，重在参与。

4．迷失在情感中

在例会上发言，说漏了一个词语，连忙补上并重复一遍之前的句子，这时你觉得自己像个小丑很搞笑，并认为其他同事也这么认为。

事实是：你能及时发现自己的错误并迅速弥补，没有人会在意你不经意的错，反而会感到你是一个处事很严谨的人。

5. 认为是理所当然的事情

你看重别人对你的期望，而不是你自己的所需。朋友找你陪他赴一个重要约会，你觉得应该热心一把，尽管你刚好有一项工作急需完成。

事实是：能陪你的朋友赴约的不只你一个人。

受到知识水平、阅历以及所处地位的限制，一个人看问题往往带有局限性。特别是在遇到挫折或情绪低落时，往往只会从一个角度看问题，这就是人们常说的“一根筋”或者叫做“钻牛角尖”。任何事物本身都具有多样性，你从不同的角度去看，就会得出不同的结论，所以，我们要避免让自己的思维陷入误区，学会多角度思考问题，积极寻找解决问题的办法，有助于自己在工作当中事半功倍。

第三节　有难度，才有高度

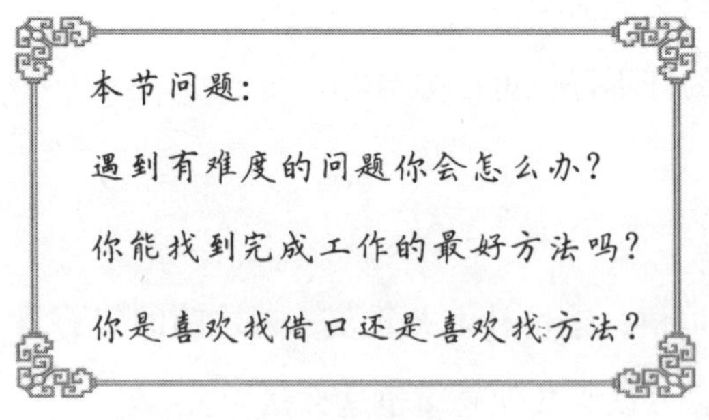

本节问题：

遇到有难度的问题你会怎么办？

你能找到完成工作的最好方法吗？

你是喜欢找借口还是喜欢找方法？

很多时候，我们面对困难总感到束手无策。其实，只要你动动脑筋，用心想想，总会想出办法来解决的。我们要坚信：办法总比困难多，此路不通，另辟蹊径。

在职场当中，一个勤于思考的人，总是能找到完成工作的最好方法。这说明工作不在于我们怎么做，而在于我们想怎么做。面对困难，强者会积极地寻找解决问题的方法，弱者只会抱怨毫无方法。

现代心理学的研究表明，在困难面前积极想办法的态度会激发我们的潜在智慧。因此，一些成功的企业家在遇到困难的时候，非常注意营造一种动脑筋、想办法的氛围，他们相信天无绝人之路，只有那些不肯花费心思找路的人，才会无路可走。

有些人把“确实是没办法”“真的是一点办法也没有”当成自己的口头禅，遇到问题不动脑筋先动嘴巴。无论是在生活当中还是在职场当中，这种人都不会受欢迎。试想，如果你向别人提出某种要求时，他毫不迟疑地就说“真是一点办法也没有”，你肯定对此非常失望。同样，如果在上司给你下达任务或者其他人向你提出某种要求时，你这样回答，对方也会感到很失望。

一句“没办法”，或许为你不做某事找到了借口，但是，也正是这句话让你错失了很多成功的机会。一句“没办法”让你养成了遇事不动脑、不敢尝试的习惯，从而使你故步自封，彻底与大胆创新断绝了关系。

是真的没办法？还是你根本没有去好好地动脑筋想办法呢？

20世纪30年代初的美国芝加哥，有一名无业游民叫巴比克。一次搬家时，不慎将祖传的一只中国瓷器打碎了。这是只价值很高的古玩，巴比克捧着那些碎片，心疼得不得了，总不甘心白白扔掉。好在他心灵手巧，当即将碎片重新收拾进行黏合，接下来他发现瓷器还能将就着用，美中不足的是裂缝还是能够用肉眼看得出来，而且黏合得也不是很牢固。巴比克不甘心，他决心找到一种更好的黏合剂来解决这些问题。

巴比克跑遍了整个市场，但结果令他失望。他决定自己动手，从传统的树胶、角胶、蛋清入手，先后试用了近百种胶液，进行了上千次试验，花费了三年多的时间，最后他成功地将那只打碎的瓷器黏合到满意的程度，不仅用肉眼无法分辨，而且黏合得相当牢固，跟烧出来的不相上下。因为掌握了这手绝活，五年之后，由巴比克执牛耳的BBK黏合剂公司已是芝加哥最有影响力的大公司之一。

每一项伟大的发明诞生之前，都有着貌似高不可攀的难度。这时候，有志之士往往选择迎难而上。这个迎难而上的过程，就像爬山，尽管高处不胜寒，但唯其有难度，才成就了高度；只有站到某一种高度的人，才有机会看到生命里更美的风景。

是的，想办法就一定会有好方法！如果畏惧困难，就不会有那么多新发明的出现。

职场成功人士的一个共性就是只为成功找方法，不为失败找借口。在工作中，每个人都会遇到一些困难和问题。面对困难和问题，成功的人的一贯做法是积极想办法解决问题，失败的人则是那些消极地等待别人来帮忙，等待老板给解决，或者是寻找借口、逃避责任。所以我们说，成功必有方法，失败必有原因。

遇事找借口比找方法容易得多，但是没有哪位领导喜欢爱找借口、推卸责任的员工。借口是问题恶化的温床。如果出现问题不积极地解决，而是千方百计地找借口，就会错过解决问题的良机，而使问题变得更加难以解决。一旦养成了爱找借口的习惯，就会在以后的工作中屡次寻找借口，长此以往就会心存侥幸，认为推卸责任也可以，工作没有了动力。工作上投机取巧找借口，也许只给老板带来一点点的经济损失，而对于职场中的你来说，却毁掉了自己的一生。

因此，遇到问题，不要找理由推卸责任，要找到产生问题的根源，从根本上解决问题。千万不要把自己应该承担的责任归于他人或者是客观原因。工作中，一遇到困难就推卸责任或辞职不干的人，是不会有所成就的。只有迎难而上、主动解决困难的人，才是老板最欣赏的人，也是最有可能成功的人。

法国数学家、哲学家彭加勒曾经说过："出人意料的灵感，只有经过了一些日子，通过有意识的努力后才产生。没有努力，机器不会开动，也不会产生出任何东西来。"

人们常说："眉头一皱，计上心来。"其实任何计策的产生并不是随便一皱眉就解决问题的，这需要丰富的知识与经验的积累及沉淀。所以，我们在日常工作当中要不断地积累知识和经验，这样才能在遇到问题时，顺利找到解决问题的方法。

本章结论：

1. 想法决定活法！

2. 态度决定一切！

3. 相信什么你就能看见什么！

4. 没有不可能的事情，只有暂时还没有找到解决方法的事情！

卓越团队的共同理念之三
时刻分享

懂得分享，诚信和主动，此人必成大业。

——杨可以

第一节　关注身边的人

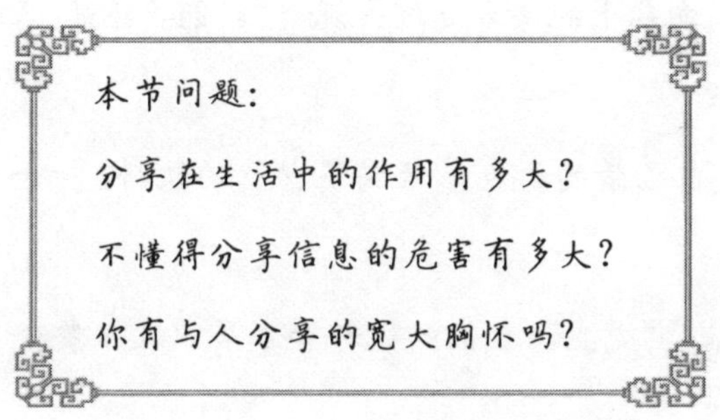

本节问题：

分享在生活中的作用有多大？

不懂得分享信息的危害有多大？

你有与人分享的宽大胸怀吗？

我们身边每天都会更新不同的事物和人，每个人都有自己的生活圈子，如果经常向他人分享自己的喜怒哀乐，你的人生一定能够不断增值，生活当中也会充满快乐。幸福的人不一定拥有最好的，但是他们懂得分享生活中的美好。其实，这就是独乐乐与众乐乐的关系。我们的先人早就明白了“独乐乐，不如众乐乐”的道理，但是到了信息高度发达的今天，有的人却学会了“各人自扫门前雪，莫管他人瓦上霜”，遇事冷眼旁观，漠然置之，从来不和别人分享什么。

有一对外国夫妇，年过半百却膝下少欢，无儿无女。夫妇俩最大的愿望就是去一个著名的旅游胜地饱览一番大自然的美好景色。为了实现这个愿望，他们省吃俭用，辛勤劳作，在即将退休的时候，终于积攒了一笔可以去游玩的费用。为了减少开支，夫妻俩去购物店购回了廉价的面包。在一个阳光灿烂的日子里，乘一艘旅游

船出发了。

一路上，夫妻俩躺在轮船最下等的船舱里，不与任何人交谈，也不肯走动。看到同船的客人去餐室里吃丰美的饭菜、鲜甜的水果，他们也曾垂涎欲滴，但一想到这些食物是要花费很多钱的，马上就打消了去吃饭的念头。饿了就吃随身携带的面包，渴了就喝轮船里供应的最便宜的饮料。没过几天，目的地接近了，夫妻俩就向船上的侍者走过去说："我们要结账。"

侍者有些惊愕地说："结账？"

丈夫马上说："我们吃的是自己带的面包，只喝了少量的饮料，一定不会很贵吧？"

"噢。"侍者马上微笑着说，"先生，我们的饮料和水果以及午餐全部免费供应，难道您不知道吗？"

"啊……"夫妇俩一时都愣在那里。

作为社会中的一员，不可能脱离其他人而独自生存，多多少少总要和别人发生一些关系，假如抱着"各人自扫门前雪，莫管他人瓦上霜"的思想，无疑会发生可悲的笑剧。每个人在生活或者工作当中都会遇到一些不好解决的问题，只要你善于开口便会豁然开朗。当然，如果你是一个善于分享的人，不管你用什么方式和朋友们分享，都会得到许多收获。

懂得分享的人，会像阳光一样温暖人心，也格外的大度。

有一家电器公司曾进行了一次有奖征答题目。此次竞答的题目是：怎样乘游轮去旅游好玩？特等奖是一台四十英寸彩色电视机。很多人纷纷参加到此次有奖竞答活动当中来。其中不乏教授、大学生以及各行各业的精英人士，答案精彩纷呈，无奇不有。然而，最后的结果却出人意料，竟然是一名小学生荣获特等奖。他的答案很简单："跟好朋友一起去最好玩。"的确，诚如评审给予的一致的评价：分享的快乐，远胜过独自的拥有。

无独有偶，诺贝尔在读小学的时候，成绩一直名列班上的第二名，第一名总是由一个名为柏济的同学所获得。有一次，柏济意外地生了一场大病，无法上学而请了长假。有人私下为诺贝尔感到高兴，说：“柏济生病了，以后的第一名就非你莫属了！”诺贝尔并不因此而沾沾自喜，反而将其在校所学整理成完整的笔记，寄给因病无法上学的柏济。到了学期末，柏济的成绩还是维持第一名，诺贝尔则依旧名列第二名。诺贝尔长大之后，成为一个卓越的化学家，最后更发明了火药而成为巨富。当他死后，仍将自己所有的财产全部捐出，设立了著名的诺贝尔奖。每年用这个基金的孳息奖励在国际上对于物理、化学、生理、医学、文学、经济及致力于人类和平有所贡献的人。诺贝尔因为开阔的心胸与乐于分享的伟大情操，不但创造了伟大的事业，也留下了后人对他的永远怀念与追思。在历史上，大家都认可第二名的诺贝尔，但鲜少人知道永远考试第一名的柏济！

从诺贝尔的故事中，我们获得一个深沉的感受，诺贝尔的成功，绝非只靠他的聪明才智而已，更重要的是取决于他的心胸气度与分享的态度。

看过小说《人猿泰山》的人，都知道人猿泰山被称为森林之王。论力气，它比不过大象；论速度，它比不过狮子与老虎；论灵敏，亦不是猴子的对手。所以，泰山能够在森林称王，不是依赖武力与体力，它靠的是关系！它和每种动物交朋友，关心它们也照顾它们，所以大家都喜欢它。当泰山遇到危难时，大叫一声：“喔耶喔！”每只动物都会跑出来给它帮忙。泰山的成功法则，其实在我们人类社会当中也很实用。那些成功者之所以能够成功，靠的也不仅仅是自身的力量，实际上他们都是整合了人际资源，进而创造更多价值。所以，我们在日常的生活和工作当中要善于了解可运用的资源，注重培养良好的人际关系。未来的成功者就是那些善于帮助别人的人。你帮过的人越多，服务的地方越广，那你成功的机会就越大。终身义工孙越有句名言：“好东西要跟好朋友分享！”分享正是建立人际关系，整合力量的最重要因素。

第二节　天堂和地狱

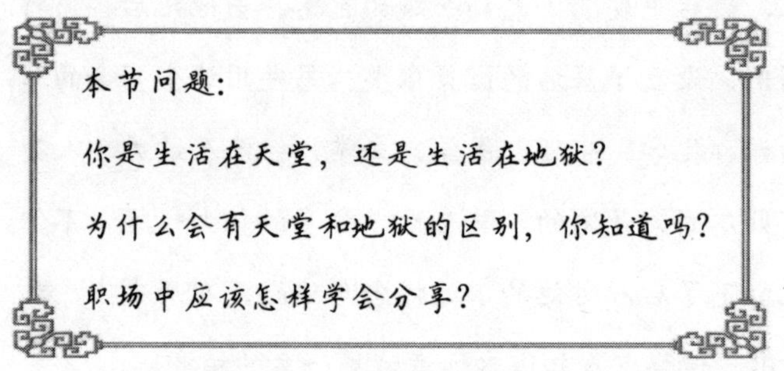

很多人都相信存在天堂和地狱，都向往天堂，忌讳地狱，天堂和地狱到底有多大的区别，恐怕你我谁也说不出来，因为根本没有人见过。但是一则关于天堂和地狱的小故事告诉了我们二者之间的区别。

一个人问牧师："天堂和地狱有什么不同？"

牧师说："我带你去看看，你就明白了。"

于是，他跟着牧师来到了魔鬼掌管的地狱。地狱里金碧辉煌，美轮美奂。大厅里面铺满了酒席，桌上鸡鸭鱼肉、水果蔬菜等珍肴应有尽有。可他很是吃惊，因为所有的人都面无表情地坐在酒桌旁，无精打采，而且瘦得皮包骨头。他仔细看了看，原来这里的每个人都左手拿着一把叉，右手拿着一把刀，刀和叉都有4尺长的把手。因为把手太长，所以即使佳肴在他们手边，结果还是吃不到，只有挨饿，痛苦不已。

他又来到天堂，摆设完全一样，同样的酒宴，每人同样都有很长把手的刀

和叉。这里却有着截然不同的情景：人们开怀畅饮，喜笑颜开。这是什么原因？他又仔细看了看，原来这里的人都在用自己手中的刀和叉挑起食物，然后送入对面人的口中，而自己也同样被对面的人喂着。所以，他们很快乐，很幸福。

读了这个故事我们知道，天堂和地狱的生活差别很大，生活在地狱里很痛苦，生活在天堂里很幸福。而造成这一差别的原因就在于懂不懂得分享，天堂的人懂得大家分享美食，而地狱的人都只顾自己，所以只能挨饿。

我们怎样才能生活在天堂当中呢？这需要学会分享。因为分享能够给人带来坦然、充实和快乐。分享是人的美德之一，分享是职场人士的核心词汇之一。对职场人士来说，愿意分享，学会分享，不仅是一件快乐的事情，更是一种修养，一种成功的途径。

然而，职场当中也有很多不愿意和别人分享的例子。例如，有的主管不愿将经验及技术悉数传授给自己的下属，很怕下属超过自己，占了自己的职位。再比如，销售部门近来业绩大增，部门员工以为可以多领一些奖金了，结果奖金却被部门领导独享了。

经营企业有如经营人生。众所周知的蒙牛，五年之内营业额增长了200倍。人们在啧啧赞叹之余不禁心生好奇：究竟是什么使蒙牛在竞争激烈的乳制品市场中跑出了火箭般的速度？蒙牛的掌门人牛根生一直坚守“财散人聚、财聚人散”的信条，所以在蒙牛取得骄人业绩时，总会不失时机地激励他的员工，他的员工也会为企业的发展鞠躬尽瘁，从而形成一种积极奋发的良好风气。牛根生这种愿意与人分享胜利成果的理念，正是蒙牛能够在激烈的市场竞争中获胜的原因。很多成功企业家的例子表明，企业管理者通过持续不断的分享，可以帮助员工明确目标，明确责任和权力，明确方法和技巧，以最终实现绩效能力的提高和业绩的增长。

作为职场中人，我们要与身边的人分享些什么呢？

1. 分享目标

所谓“一根筷子轻轻被折断，十双筷子牢牢抱成团”，企业的任何一个目标的实现都离不开集体的力量，只有大家一起朝着目标努力，才能取得预期的结果。即使是个人的工作目标，也需要与他人分享。通过分享你可以得到他人的帮助或者是监督。因此，作为企业中的一员，无论你是领导者还是普通员工都要学会与同事分享目标。

2. 分享信息

任何工作都离不开信息的沟通。如果一个人不肯与其他人分享信息，无疑是在自己和他人之间形成了一个屏障，人为地给自己的工作设置了障碍。

著名管理学家、畅销书作家肯·布兰查德说：“一个员工掌握的信息量的多少决定了他的责任感的强弱，因为你不可能让一个什么都不知道的员工对什么事情负责。”所以，如果你不和他人进行信息沟通是无法进行工作的。

3. 分享方法和经验

每个人对工作中的问题都有自己独到的见解和处理方法，为了使自己持续做正确的事情，需要经常将自己所掌握的知识、经验和技能分享给他人，并且要求从他人那里获得新的知识、经验或技能。

4. 分享权力

任何工作的进行都需要一定的权限，只有方法和经验没有权限，方法和经验也仅仅止于理论的层面，无法得到有效的实践。

因此，应该与他人分享手中的权力，赋予他人从事那份工作的权限，鼓励他人放手工作，去掉繁杂的请示汇报的程序，转变绝对的上下级关系，形成新的绩效合作伙伴的关系，让他人学会自己对自己负责。

5. 分享成果

在职场当中学会分享成果很重要，如果只会分享劳动，不懂分享成果，劳动就会逐渐失去成效。

威廉·詹姆斯说：“人的本性都是喜欢被人欣赏的。”同样，在职场当中，每个人都喜欢看到自己的工作被认可，得到欣赏。

实践证明，及时的工作反馈有利于提高工作人员的士气，激发他们的潜力，鼓励他们持续追求进步。

所以，上级领导者应在适当的时候给予员工积极的反馈，与员工一起分享工作的成果。

总之，在职场当中，只有懂得分享，学会分享，才能成就一番事业。

第三节　快乐在于分享

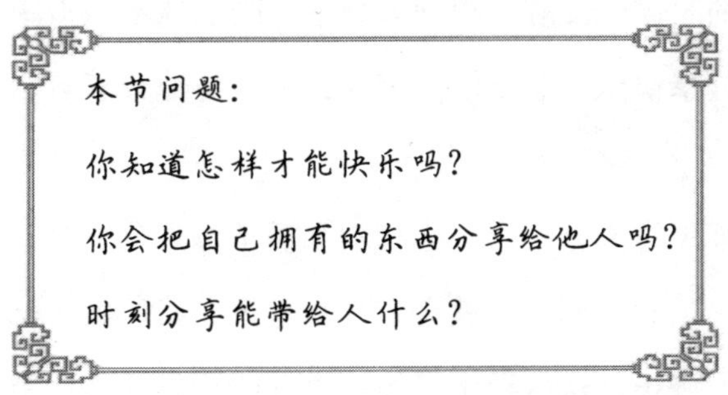

分享伴随着每一个人的成长，带给人们快乐。它就像一股涓涓细流，

无须言说，无须表白；它是涌动在心底的那一份相知和珍惜，理解和信任，鼓励和鞭策！生活中和家人分享欢乐，就知道亲情的无价；和朋友分享友谊，就知道真情的可贵；和祖国分享骄傲，就知道国家的强大。懂得分享既是思想品格的升华，更是人性最美好的写真。生活中一个懂得分享的人，就是一个有爱心和责任心的人，也会因此获得别人的回报；相反，不懂得分享的人也不会从别人那里得到益处。

曾看到一篇文章，讲的是著名企业家、教育家、新东方教育集团董事长俞敏洪先生的真实故事。

据说俞敏洪在北大读书期间，一个家住北京的舍友有个习惯，每周五回家周一都会带六个苹果来学校。看到他带来苹果，大家都很高兴，以为可以有苹果吃了，结果是六个苹果他一天吃一个，当然舍友也不会去向他要来吃。

许多年以后，大家都到了四十不惑的年龄，那个习惯带六个苹果的舍友从国外归来，想做点事情，于是他想到了当年在北大的舍友。但结果是他找到的所有人包括俞先生在内都不愿意提供帮助，理由就是见到他，大家立马会想到六个苹果的故事。

也就是说当他得到东西的时候他没有去跟别人分享。既然他不懂得跟朋友分享财富、分享幸福、分享快乐，朋友们又有什么理由与他分享自己的财富和地位呢？

相反地，如果他有六个苹果每人分一个，你有六个橘子每人分一个，我有六颗葡萄每人分一颗……这时我们手上就会有六种水果，我们就能够尝到六种不同味道的水果。或许正是这六种水果的味道从此让你的生活丰富多彩。

在生活中，帮助别人也是帮助自己。要想得到快乐、幸福和帮助，就得先学会与别人分享快乐和幸福，先学会帮助别人。希望自己生活得好的人，也应该帮助其他人生活得更好；渴望快乐与幸福的人，应该先把自己的快乐幸福与别人分享。人生在世，谁都不可能孤立地存在，个人的幸福与大家的幸福都紧密地联系在一起。大家快乐才是真的快乐。

六个苹果是多么小的一件事，却产生了如此大的影响，也反映出了这么大的人生哲理。为什么有的人能够成功，而有的人总是失败？为什么有的人总是受人欢迎，而有的人很让人讨厌？这是因为有的人没有弄懂一些为人处世的基本道理，而时刻与身边的人分享自己的所得就是其中的一个基本道理。只有懂得分享的人才会受到其他人的欢迎，才能够得到别人的帮助，从而比较容易获得成功。

所以，我们要得到朋友的关心和爱护，首先要关心和爱护朋友。当自己拥有的时候，就应与好朋友一起分享。其实很多时候，和别人分享一样东西，比自己独享更加快乐。相反，一个自私的人，只顾着自己的利益，而不理会别人的感受，就会成为一个不受欢迎的人。

社会上人与人之间的交往，都是在给予与被给予的过程中进行的，人在不同时期、不同环境中扮演的社会角色迥异，但人要学会与他人分享所有，分享美食，或者是劳动的果实，或者是心得体会……哪怕是分享的东西非常普通，我们也会从这些分享中得到更多的快乐。

学会分享，将会让分享的快乐成倍增长，让分享的痛苦无限缩小。尽管给予的方式不尽相同，有条件的与无条件的、有限的与无限的、忘我的与为我的、精神的与物质的、等价的与不等价的、先给后取的与先取后给的……只要是发自内心的、真诚的、慷慨的给予，就是一种幸福和快乐。

孔融让梨是一段人间佳话，上有哥哥、下有弟弟的孔融，四岁时就懂得谦让，懂得与家人分享幸福，因此，享受世间的美好事物是人生的一大乐事。享受事物即使是再大的享受，少了别人的陪伴，你会发现，此时的享受已经没了享受该有的那份舒适和欢畅。只有在亲人、朋友，甚至是一些素不相识的人陪伴下，你才会发现，这个世界正是有了分享才变得如此美丽，无论你与人分享的是快乐或是痛苦，欢笑或是眼泪，生命都因分享而充实，因分享而充满激情，因分享而多姿多彩。

分享是一种处世哲学，它和感恩一样是一种生活智慧。心怀感恩的人懂得用微笑面对风雨人生，能以一种积极的姿态面对生命的启悟，正因为多了一份纯粹和简单，就少了一份世故与猜疑；多了一些豁达和洒脱，就少了一份埋怨与指责。分享是一种大度，一种胸襟，在与他人分享的时候，你就肩负起了一份重任。当你把快乐与别人分享时，一份快乐就变成两份或者无数份快乐，你就会成为快乐的传播者和传递者。

本章结论：

1. 人之所以希望和你在一起，就是希望能从你身上沾到点实惠，所以懂得分享才会卓越。

2. 不懂分享的人，也不会有收获！

3. 人的价值在团队的队员身上，分享就是让你越来越有价值，越来越重要！

卓越团队的共同理念之四
我们公司是最好的

要做成一件事，必须要尽情投入，要成大事，必须进入状态并持续地迷上它，这样你的智慧才会在此点上聚焦与爆发！

——杨可以

第一节　热爱公司

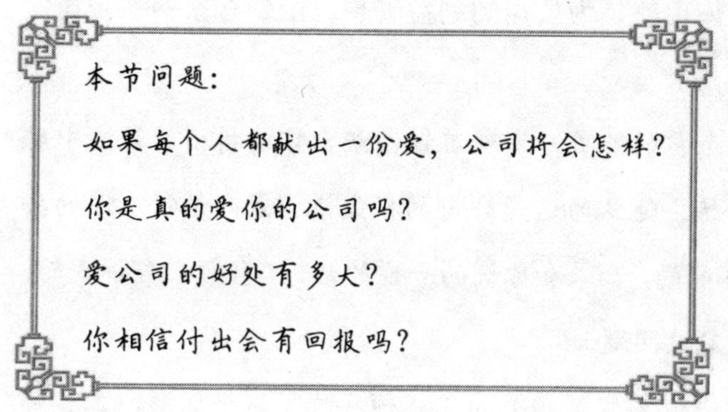

本节问题：

如果每个人都献出一份爱，公司将会怎样？

你是真的爱你的公司吗？

爱公司的好处有多大？

你相信付出会有回报吗？

所谓干一行爱一行，对于公司员工来说，只要你选了一个公司并且想在这个公司好好干下去，且期望有所发展的话，你必须时刻做到一点——热爱你的公司。爱公司才能与公司风雨同舟，才能全力以赴；爱公司才能忠贞不贰，才能团队协作；爱公司才能勇于创新，天长地久。

热爱公司不只是一种想法、一种观念，更是一种行动。在任何时刻都要表现出你对公司的热爱，如果你讨厌你的公司，或者仅仅把公司当成你谋生的场所，那么我劝你尽快辞职，因为这么做不仅是对你老板的一种伤害，更是对你自己心灵的一种伤害。其实，除了家庭，我们每天在公司工作的时间是最多的，我们应该像热爱家庭一样热爱公司。

“子不嫌母丑，狗不嫌家贫”，这是中国几千年来的俗语。有人可能认为这话太俗气，但其实话丑理不丑。在自己的工作经历中，我接触到非常多的销售人员，他们中许多人每天都在埋怨公司这不好，那不好，对公司的前景和现状充满指责与挑剔。对于一个具备优秀素质的销售人员来说，这是销售工作的最大忌讳。因为，一个成功的销售人员始终坚信自己的选择，坚信自己的公司可以成为最好的公司，感谢公司为自己提供了最好的发展机会和舞台。当然，世上不会存在绝对的完美，可能公司的确存在这样那样的问题。但是，面对问题，我们需要的是以积极的心态去面对，用自己最大的努力提出具有建设性的解决建议，而不是抱怨。

热爱公司的最主要体现就是为公司的利益着想。国外有家钢铁公司发生过这样一件事：

有一个入职不到一个月的职员，发现炼铁高炉出口渣排出的炉渣中矿石有一些没有被充分冶炼。他认为这是公司的损失，于是向炼铁工人的头儿汇报。头儿说："不可能的，如果和你说的一样的话，工程师会告诉我的。可是他没有告诉我，肯定没问题。"

这个新职员不甘心，他又找到相关的工程师反映了这个问题，工程师不屑地对他说："不可能出现你说的问题，我们的技术是世界上最先进的。"

新职员还是觉得这是件很重要的事，于是找到公司的总工程师。总工程师被他坚持不懈的态度所打动，于是召集了公司负责技术的人到车间检查。结果发现，检测机的一个零件出了问题，才导致矿石没有被充分冶炼。

这个新职员一心维护公司利益，让公司避免了巨大的经济损失。结果，公司提拔他为控管组长。

一个人无论处于什么样的级别，如果他能够站在整个公司利益的角度上，大胆提出自己的想法，发表自己的意见，那么他的勇气和忠诚就是令人钦佩的。不要因为自己的职位太低或者自己只是一名普通的员工就对整个公司的政策以及决定不置一言。要知道，你没有什么可担心的，因为没有人会嘲笑一个为企业利益着想的人。而且，你的老板会为你的忠诚感而骄傲。要知道，你是作为企业的有活力的一分子，而不仅仅是执行任务的僵化的机器人。

热爱公司就是对自己的肯定。当初将公司作为择业目标时，你可能曾经辗转反侧，心向往之；被公司录用后，你如愿以偿，为之欣喜。进入公司就要爱公司如爱家，这是自我价值判定的应有表现。公司是你人生的新起点，是你事业的开端，为了有个辉煌的开始，你应该将自己的事业和公司的发展紧密相连，同呼吸、共命运。

爱公司必然敬业，敬业让人更容易成功。工作是你应该面对的现实，因为你在醒着的时间中一半以上都是在工作，你的才华和本领只有在工作中才能得以展示，你的价值和重要性只有在工作中才能得以体现，你的成长和进步只有在工作中才能得以提高，你的前途和理想只有在工作中才能得以实现。所以要倾尽全力做好本职工作，即使工作再辛劳，也要保持无怨无悔的态度。要明白每一项工作都是在训练自己的功力、累积自己的专长，每一项工作都是你成功大厦的一砖一瓦。

公司兴旺我荣耀。要把公司的发展和个人的命运紧密连在一起，积极参加公司品牌创建活动。当职员们都露出真诚的笑容恳请“请您多关照我们公司”时，客户一定会喜欢上你的公司。

第二节 多做一些

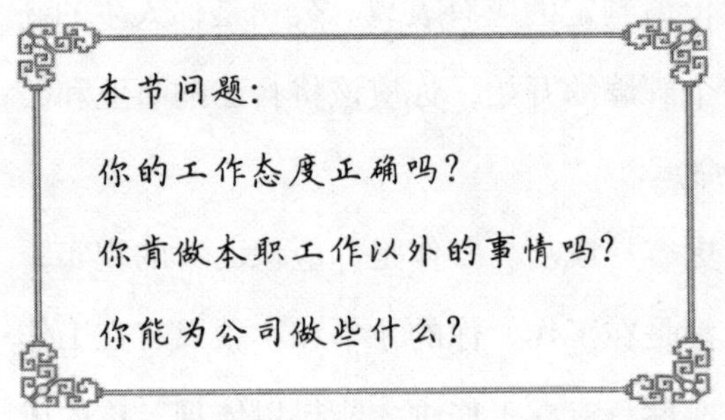

本节问题：

你的工作态度正确吗？

你肯做本职工作以外的事情吗？

你能为公司做些什么？

在谈到应该给年轻人什么样的忠告时，钢铁大王安德鲁·卡内基说："无论在什么地方工作，都不应把自己只看成是公司的一名员工，而应该把自己当成公司的主人。事业生涯除了你自己之外，全天下没有人可以掌控，这是你自己的事业。你天天都得和成千上万的人竞争，以不断提升自己的价值，提升自己的竞争优势，学习新知识和适应环境，并且从转换工作以及工作当中学得新的事物——虚心求教。只有这样，你才能够更上一层楼，学到新的技巧；也只有这样，你才不会成为失业统计数据里头的一分子。而且千万要记住：从星期一开始就要启动这样的程序。"

答案是这样的：把自己当成公司的主人，对自己的所作所为负责，持续不断地寻找解决问题的方法，主动克服生产过程或业务活动中的障碍。这样，你的表现就会达到一种崭新的境界，你的工作品质以及从工作中所获得的满足感都将掌握在自己的手里。挑战自己，为了成功全力以赴，并且尽力为公司做更多的事情。

玛丽是纽约一家公司的普通职员，因为学历不高，公司给她分配的任务就是每天接听电话，记录客户反映的情况，但是她却做得更多。每天，她总是提前半个小时就到达办公室，当其他同事来上班的时候，她已经把办公室打扫得干干净净，办公桌也被她擦洗过了，整个办公室因为有了她而变得更加清洁和美观。在工作上，她总是尽自己最大的努力多做一些。在她的眼里，完成自己的任务还远远不够，她总是想方设法多为公司做一些事情，她常常这样说道："我爱我的公司，它已经成为我生命的一部分。"

在职场当中，或许你比玛丽更有能力，或许你比玛丽更有学识，但是我们必须向玛丽学习，如果你在工作当中没有为公司多做一点的精神，斤斤计较自己的付出，是难以在工作中取得卓越的成绩的。那些自以为能力很高而不屑于多做一点普通事情的人，永远也不会有所成就。

那些在工作中不肯多做一点的人，在乎的是自己所消耗的工作时间得到了多少金钱的补偿，而从来不想自己为公司做出了多大的贡献。对这样的人来说，工作是一种负担而不是一种责任。这种人在生活中总是见不到阳光，他们身上充满了焦躁、厌倦、懒散，成功只是他们做梦时的一种专利。

社会在不断发展，公司也一样，作为员工工作范围也要不断地扩大。不要总是以"这不在我的职责范围内"为理由来逃避责任，当你为公司多付出一点时，其实，你的发展机会也平添了一分。

你付出的越多，得到的也会越多，这是一条永恒的因果法则。也许你付出之后不能立刻得到回报，但你不应该停止付出，而是要继续无私地付出。回报将会在一个不经意的时刻出现在你面前。最常见的就是晋升和加薪。有时，除了老板以外，他人也会以间接的方式给你应得的回报。

因此，对你来说不要抱着"我必须

为公司做些什么”的想法，而应该多想想“我能为公司做些什么”？一般人总认为，只要尽职尽责地完成自己的工作就够了，但对刚走入社会的年轻人来说，只做到这一点是不够的。你只有做得更好，才能获得成功。也许你刚开始做的只是秘书、会计和出纳之类最普通的工作，难道你愿意在这样的职位上永远干下去吗？在做好本职工作的同时，你应该再多做一些不同寻常的事情，这样既可以培养你的能力，也可以使老板注意到你。你的付出将如同一笔存款，在你需要的时候，它将随时为你提供服务。

作为一名职场新人，要想为公司多做一点，应该努力做到以下几点：

1．公司的利益高于一切

一个优秀的员工首先应该是视公司利益为第一的人。任何时候，他绝不会以公司的名义去谋取私利；任何时候，他都保守公司的商业秘密，绝不出卖公司的利益。他不会为了工资的高低而对工作敷衍了事，也不会因工作任务沉重而有任何怨言。

2．把自己当成公司的主人

把公司看做是自己的家，爱护公司的每一样物品，时刻维护公司的声誉。因为，公司的命运将决定你的命运，如果公司发达了，你也会得到发展。公司衰败，你将会失去工作，而且很多公司都不愿意聘用那些倒闭公司的员工。因为，一个公司倒闭一定程度上和这个公司的员工息息相关。

3．努力维护公司形象

如果一个人在背地里总是和他人谈论公司或老板的坏处，这样的人你一定要远离他，这种人既不聪明，也绝不会是一个有多大能耐的人。他这么做虽然是在诋毁别人，其实更是在伤害自己，没有公司会愿意要这样的人。

4．尽量为公司多做一些

很多成功的人士都这么忠告年轻的职员：努力为公司多做一些！我们身边有很多人，他们连自己的本职工作都做不好，等待这种人的往往是失业。还有一些人，自以为自己把工作已经做得很出色了，但从来没有想过去多做一些，而是整日抱怨自己怎么还没有得到升迁。只有一种人，那就是不仅把本职工作做得很出色，而且时刻想着“我能为公司多做些什么”并且付诸行动的人，他们才会得到老板的认可，并且很快会得到提升。

做到以上几点，你就可以养成“每天为公司多做点事”的习惯了，如果你在做分内事的同时为公司多做一点，不但能显示你勤奋的美德，还能发展你的工作技巧与能力，使你具有更强大的生存能力。

第三节　公司就是我的船

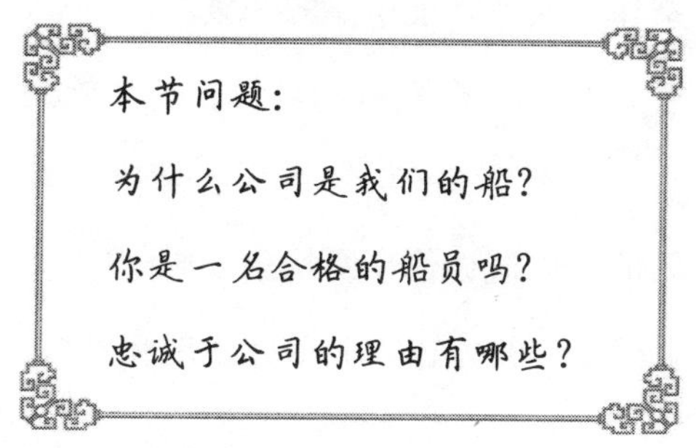
本节问题：

为什么公司是我们的船？

你是一名合格的船员吗？

忠诚于公司的理由有哪些？

公司就是员工的船。员工需要公司这条船去锻炼自己的本领，去施展自己的才华，去抗击命运的风浪，去实现人生的理想。公司这条船也需要员工尽心尽力才能顺利地驶向成功的彼岸。

对公司而言，公司的业绩要靠忠诚的员工用勤劳、汗水和才智去创造，公司的信誉要靠忠诚的员工用心去维护，公司的凝聚力、战斗力要通过忠诚员工的精诚合作才能形成。

对员工而言，员工的发展需要公司这个平台。当员工确认自己归属于公司时，他会尽心尽力地为公司做贡献。因为只有公司做大、做强了，员工的自身价值和理想才能够随之实现。

公司就是我的船。

如果每一个员工都以这种心态来工作，把公司当做自己的船，去关心它，去效忠它；把公司的利益与自己的利益结合在一起，个人努力了，公司做大了，这条船抗击风险的能力也就增强了，相应地，员工也就成功了。

有人总结出了忠诚于公司的八大理由：

第一大理由：你是公司的员工。

第二大理由：只有对公司忠诚，你才能得到公司的回报。

第三大理由：个人存在的价值，需要通过工作来证明。

第四大理由：忠诚是塑造职业形象和个人品牌最重要的因素。

第五大理由：公司赋予你一个工作岗位，一个发展的契机，一个施展才能的平台，你应当心存感激。

第六大理由：忠诚让你工作充满热情，忠诚让你享受快乐。

第七大理由：对公司忠诚，为公司服务，你的才智才能得到展现和发挥，而不会被闲置。

第八大理由：不忠诚的人没有人喜欢，背叛或出卖公司的职员到哪儿都不受欢迎。

基于上述理由，员工要把公司当做自己命运的载体，与公司共发展，公司就会像你的船一样，载你驶向成功的彼岸。

这里有一个故事，讲的是一位把公司当做自己的“船”的员工：

在美国标准石油公司，有一位推销员名叫阿基勃特。他是公司里的一位普通小职员，但他很珍惜自己的工作机会，竭尽所能，全心全意地维护公司的声誉。当时，公司的宣传口号是“每桶4美元的标准石油”，因此，不论何时何地，凡是有要求自己签名的文件，阿基勃特都会在签完名字的下面，写上“每桶4美元的标准石油”的字样，甚至在书信或收据上也会写上这几个字。

日复一日，年复一年，他因此被同事开玩笑地叫做“每桶4美元”。尽管受到各种讥讽，但阿基勃特从没放在心上，仍一如既往地写着“每桶4美元的标准石油”。4年后的一天，公司的董事长洛克菲勒无意中听说了此事，立刻请阿基勃特吃了一顿饭。他问阿基勃特是什么原因使他这样做，阿基勃特说：“这不是公司的宣传口号吗？每多写一次就可能多一个人知道”。

后来，洛克菲勒卸任，阿基勃特成了第二任董事长。

阿基勃特能成为石油公司的董事长，或许有幸运的成分，但更重要的是，他时时刻刻把公司当做自己的“船”，忠诚于它，为它的利益着想，最终从“水手”成为了“船长”。

一个企业的发展需要全体员工的共同努力，就像一艘船要破浪前进需要全体船员各司其职，共同配合，才能顺利抵达目的地。公司就是一条船，当你加盟了一家公司，你就成为这条船上的一名船员。这条船是满载而归还是触礁搁浅，取决于你是否与船上的所有船员齐心协力、同舟共济。

作为员工，你是否意识到公司就是你所在的船，你们每个人就是船员？英特尔总裁安迪·葛洛夫曾应邀对加州大学伯克利分校毕业生发表演讲。他在演讲中，提出了以下的建议：“不管你在哪里工作，都别把自己当成员工，而应该把公司看做是自己开的。自己的事业生涯，只有你自己可以掌握。不管什么时候，你和老板的合作，最终受益者也是你自己。”

每一个员工都应该树立“这是我们的船”的理念。也就是说，每一个人都应该把自己服务的组织看成是一艘船，一艘自己的船，这样你才会竭尽所能贡献自己的力量，主动、高效、热情地完成任务，用心去打造属于自己的“船”；你的老板、同事都是你同舟共济的伙伴，要想让这艘船顺利到达目的地，不但需要每一个人都努力做好自己的工作，还需要大家通力协作。如果船顺利前进，大家都会平安无事；如果触礁翻船，大家都不能幸免于难。也就是说，每个人的命运都和这艘船紧紧地捆绑在一起，与船同生死、共命运。所以，你不但要为你的船贡献自己的全部能力，还要保护你的船，不让它在中途抛锚。

本章结论：

1. 一个对自己公司没有绝对认同的团队是不入流的。

2. 企业只有不断考核团队的价值观才能让团队变得卓越。

3. 因为公司让我生存下来，也让我成长，所以公司就是我的衣食父母。

4. 一个靠公司生存发展背后却说公司不好的人，就是在出卖自己的肉体与灵魂。

5. 议论公司问题的人，他本身就是问题。

卓越团队的共同理念之五
我是一切的根源

靠山山会倒，靠人人会跑，靠自己最好。

——杨可以

第一节　我是一切的根源

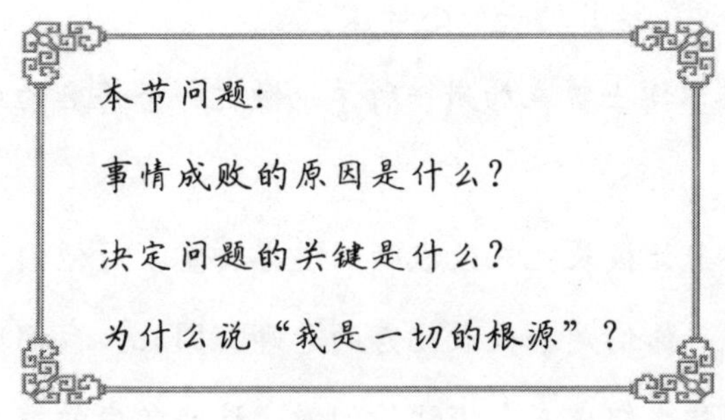

著名心理学家艾利斯有一个著名的“ABC 情绪理论”：我们的情绪主要根源于我们的信念以及我们对生活情境的评价与解释。

叔本华有一句名言：事物本身并不影响人，人们只受对事物看法的影响。

无数事实告诉我们：一切结果的根源常常不是事物的本身，而是有权对该事物作出不同评价与解释的我们自己——我是一切的根源！

我们可能无法掌控风向，但我们至少可以调整风帆。

我们可能无法左右事情，但我们至少可以调整心情。

让我们不再抱怨，

因为，我是一切的根源。

要想取得成功，最困难的不是一件事本身，而是对自己的正确评价。在做任何事情以前，如果能够充分肯定自我，那么在努力的过程中就有足够的信心和勇气去克服困难、迎接挑战，这就等于已经成功了一半。

所以，当你再次面对挑战时，不妨告诉自己：我就是最优秀的和最聪明的，那么结果肯定是另一种模样。也许那样的结果还是你从来不敢奢望的呢。

在《励志网》上读到这样一个故事：

在应试教育盛行的年代，几乎每个学生都有过分班的经历，谁都希望自己能被分到快班或实验班，而每个老师也希望自己能带最优秀的学生。但有的时候，所谓的分班，只不过是校长的一个小计谋。

1960 年，哈佛大学的罗森塔尔博士曾在加州一所学校做过一个著名的实验。

新学年开始时，罗森塔尔博士让校长把三位教师叫进办公室，对他们说："根据你们过去的教学表现，你们是本校最优秀的老师。因此，我们特意挑选了 100 名全校最聪明的学生组成三个班让你们教。这些学生的智商比其他孩子都高，希望你们能让他们取得更好的成绩。"

三位老师都高兴地表示一定尽力。校长又叮嘱他们，对待这些孩子，要像平常一样，不要让孩子或孩子的家长知道他们是被特意挑选出来的，老师们都答应了。

一年之后，这三个班的学生成绩果然排在整个学区的前列。这时，校长告诉了老师们真相：这些学生并不是刻意选出的最优秀的学生，而是随机抽调的最普通的学生。老师们没想到会是这样，都认为自己的教学水平确实高。这时校长又告诉了他们另一个真相，那就是，他们也不是被特意挑选出的全校最优秀的教师，只不过是随机抽调的普通老师罢了。

这个结果正是博士所预料到的：这三位教师都认为自己是最优秀的，并且学生又都是高智商的，因此对教学工作充满了信心，工作自然非常卖力，结果肯定非常好了。

“我是一切的根源”，你现在所有的一切都是你为自己创造出来的，而那一切的根源就是你自己，也就是你潜意识里从小到大所有的经验。

在职场当中我们更要相信“我是一切的根源”，有了这一信念的支持，我们才能迎难而上，乘风破浪。而要坚信“我是一切的根源”，就要学会保持良好的情绪。好的情绪可以使人乐观向上，办事果断，富有创造性和灵感；不良的情绪则使人产生疲劳。根据职场人士的经验，通过以下方法可以保持良好的情绪：

1. 抛弃消极思想

当你的情绪低落时，不要沉溺于其中，要找出使自己情绪低落事情的根源。如果事情能够解决就尽快地解决；如果无法弥补就让它随风而去。抛弃消极思想，积极去做自己力所能及的事情。

2. 不要贬低自己

自己瞧得起自己是一种强大的意志力，这种意志力激起了人们的斗志和潜能，它使人少了胆怯、犹豫、懈怠和软弱，它使人增添了勇气、魄力、敏捷和强健。

有的人自认为卑微渺小，不能成就一番事业，他们从不信任自己，总是在怀疑自己，总是看低自己。

有的人总是以为自己只是一个普普通通的员工，是一个可有可无的人，殊不知，这样不但贬低了自己的岗位，也贬低了自己，降低了自信。所以，任何时候我们都要记住自己是公司的一分子，不可或缺。这会提高你的自信心，增加你对工作的热情和进取的精神。

3. 自我调节

工作忙碌的时候，要学会放松，不要使自己长期陷于忙碌的工作当中不能自拔，否则一旦感到疲倦短期内将无法恢复。如果遇到比较棘手的问题，一时间难以找到答案，可以先把这个问题放一放，等把其他的工作都处理好了，再来处理这件事情，或许这时候你就能够豁然开朗，心情也会好了许多。

4. 摆正心态

情绪虽受外界因素的影响，但却是可以控制的，人可以通过种种手段使心理趋向平稳。要认识到世界上没有十全十美的人和事，不要过分苛求别人和自己。想问题、做事情不要期望值过高，不做非分之想。正确对待人和事，树立乐观的态度，根据自己的情况去设想和创造一个心情愉快的环境。

5. 倾注热情

对工作要有热情。有热情，才会有动力，工作起来才不会觉得累或者是感到乏味。热爱工作，能够全身心地投入工作的人是一种幸福。当你的工作取得一定成效的时候，你会被工作深深地吸引，并能形成一个良性的循环，成绩越来越多，对工作也越来越热爱。

良好的情绪是成功的一半，如果你对每件事情都没有把握，请不要气馁，因为“我是一切的根源”，保持良好的情绪，你就一定能够战胜困难。

第二节　正确地认识自己

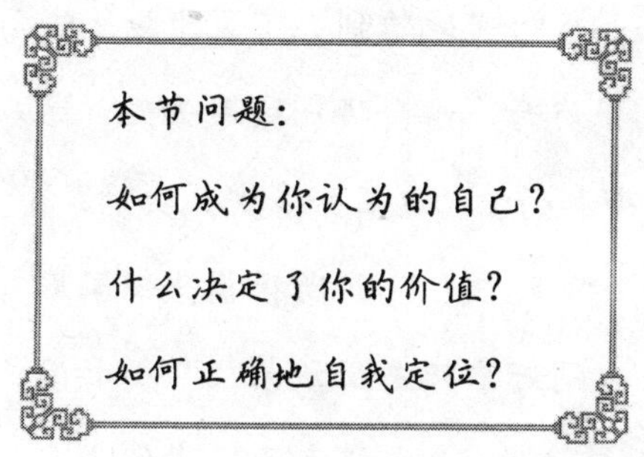

雨后，一只蜘蛛艰难地向墙上已经支离破碎的网爬去，由于墙壁潮湿，它爬到一定的高度就会掉下来，它一次次地向上爬，一次次地又掉了下来……第一个人看到了，他叹了一口气，自言自语：“我的一生不正如这只蜘蛛吗？忙忙碌碌而无所得。”于是，他日渐消沉。第二个人看到了，他说：“这只蜘蛛真愚蠢，为什么不从旁边干燥的地方绕一下爬上去？我以后可不能像它那样愚蠢。”于是，他变得聪明起来。第三个人看到了，他立刻被蜘蛛屡败屡战的精神感动了。于是，他变得坚强起来。

有什么样的自我期望，就会选择什么样的信念；

有什么样的信念，就会选择什么样的态度；

有什么样的态度，就会有什么样的行为；

有什么样的行为，就会有什么样的结果。

因此，要想结果变得更好，先让行为变得更好。

面对同一件事物，不同的人有不同的看法。你认为是什么，就会对你产生什么样的影响。你的想法积极，它就会对你产生积极的影响；你的想法消极，它就会对你产生消极的影响。

有一座山，山上有个禅师。一天，一个小和尚跑过来，请教禅师：“师父，我人生最大的价值是什么呢？”禅师说：“你到后花园搬一块石头，拿到菜市场上去卖，假如有人问价，你不要讲话，只伸出两个指头；假如他跟你还价，你不要卖，抱回来，师父会告诉你，你人生最大的价值是什么。”

第二天一大早，小和尚抱了一块石头，乐呵呵地跑到山下菜市场上去卖。菜市场上人来人往，熙熙攘攘，人们很好奇，谁会买一块石头呢？结果没一会儿，一个家庭主妇走了过来，问小和尚：“这石头多少钱卖呀？”和尚伸出了两个指头，那个家庭主妇说：“2 元钱？”和尚摇摇头，家庭主妇说：“那么是 20 元？好吧，好吧！我刚好拿回去压酸菜。”小和尚听到：“我的妈呀，一文不值的石头居然有人出 20 元钱来买！我们山上有的是呢！”

于是，小和尚遵照师父的嘱托没有卖，乐呵呵地抱回山上，去见师父：“师父，今天有一个家庭主妇愿意出 20 元钱买我的石头。师父，您现在可以告诉我，我人生最大的价值是什么了吗？”禅师说：“嗯，不急，你明天一早，再把这块石头拿到博物馆去，假如有人问价，你依然伸出两个指头；如果他还价，你不要卖，再抱回来，我们再谈。”

第二天早上，小和尚又兴高采烈地抱着这块石头来到了博物馆。在博物馆里，一群好奇的人围观，窃窃私语：“一块普通的石头，有什么价值摆在博物馆里呢？”“既然这块石头摆在博物馆里，那一定有它的价值，只是我们还不知道而已。”这时，有一个人从人群中蹿出来，冲着小和尚大声说：“小和尚，你这块石头多少钱卖啊？”小和尚没出声，伸出两个指头，那个人说：“20 元？”小和尚摇了摇头，那个人说：“200 元就 200 元吧，刚好我要用它雕刻一尊神像。”小和尚听到这里，倒退了一步，非常惊讶！

他依然遵照师父的嘱托，把这块石头抱回了山上，去见师父：“师父，今天有人要出200元买我这块石头，这回您总要告诉我，我人生最大的价值是什么了吧？”禅师哈哈大笑说：“你明天再把这块石头拿到古董店去卖，照例有人还价，你就把它抱回来。这一次，师父一定告诉你，你人生最大的价值是什么。”

第三天一早，小和尚又抱着那块石头来到了古董店，依然有一些人围观，有一些人谈论：“这是什么石头啊？在哪儿出土的呢？是哪个朝代的呀？是做什么用的呢？”傍晚的时候，终于有一个人过来问价：“小和尚，你这块石头多少钱卖啊？”小和尚依然不声不语，伸出了两个指头。“200元？”小和尚睁大眼睛，张大嘴巴，惊讶地大叫一声：“啊？！”那位客人以为自己出价太低，气坏了小和尚，立刻纠正说：“不！不！不！我说错了，我是要给你2000元！”“2000元！”小和尚听到这里，立刻抱起石头，飞奔回山上去见师父，气喘吁吁地说：“师父，师父，这下我们可发达了，今天的施主出价2000元买我们的石头！现在您总可以告诉我，我人生最大的价值是什么了吧？”

禅师摸摸小和尚的头，慈爱地说：“孩子啊，你人生最大的价值就好像这块石头，如果你把自己摆在菜市场上，你就只值20元钱；如果你把自己摆在博物馆里，你就可值200元；如果你把自己摆在古董店里，你却价值2000元！这就是你人生最大的价值！”

这个故事启发了我们对自己人生的思考。我们如何定位自己的人生，准备把自己摆在怎样的人生拍卖场去拍卖，又为自己寻找一个怎样的人生舞台呢。

石头的价值在于你怎么看待！

我们认为自己是什么样的人，自己就会成为什么样的人，过什么样的生活。“正确认识自己”说得透彻一点就是如何给自己定位。也就是说，你在人生中对自己的定位，也就定位了你的生活状况。你认为自己只能靠乞讨生活，你就注定会成为一个乞丐；而你认为自己有能力，能成就伟业，你就会成为一个出类拔萃的人。

一个人如何正确地自我定位，是决定他的社会地位和人生价值的重要一步。有些人总是抱怨找不到合适的工作，于是频繁地调换工作。这是没有做好正确自我定位的后果。所以，不管你是职场新人，还是职场老者，都应该对自己进行定位，好好地规划一下自己的职业生涯。

首先，要自我定位，就要找到自己的价值点。在定位之前，应该先了解自己的总体价值。一个人的价值，除了本身的存在价值外，还包括在行业中、自己的人生中和社会中创造的相关价值。在进行自我定位时，我们要根据这些价值来明确自己的价值点。

其次，要找准立足点。在社会的每个行业之中，总会有一个适合你发展的地方，正所谓“三百六十行，行行出状元”。有的人在选择行业的时候，只看到这个行业是不是能够赚很多钱，而没有考虑自己适不适合这个行业。所以，总是盲目地找工作，又盲目地换工作，几年下来，也没有找到合适的工作。要找到适合自己的工作就要认真思考，自己到底适不适合这个行业。在选择专业或者行业的时候，如果你实在不清楚自己的性格适合哪种行业，可以与家人商量或朋友商量。毕竟有时候当局者迷，旁观者清。

“正确认识自己”，这句话说起来简单，但是做起来就不那么容易了。不是说自己说自己是谁就是谁了，如果那样的话，我们什么也不用做，直接说自己是谁就行了。天上不掉馅饼，不劳而获是不可能的。“我是一切的根源”，要做自己、做我认为的自己，这更需要勇气、力量和决心，更需要平时的努力。

第三节　移山大法

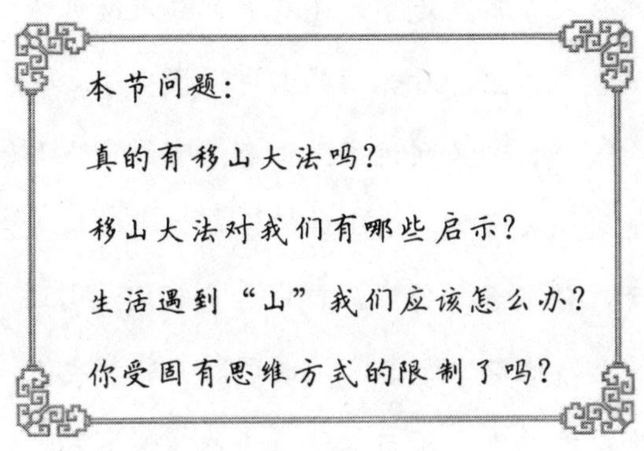

本节问题：

真的有移山大法吗？

移山大法对我们有哪些启示？

生活遇到“山”我们应该怎么办？

你受固有思维方式的限制了吗？

在现实生活中，我们常常希望某人能改变对你的看法，或者是，你觉得自己有必要改变对某件事情或某个人的看法。

看法，不太容易改变，因为这是他人认定的事实。要想改变看法，除非改变事实。但既然是事实，当然也不会改变。

然而，任何事情都是多面的，也就是“立体”的，而不是“平面”的，每个人看事情的角度不同，所得出的结论也会不同。所以，没有所谓绝对的“事实”，所谓的“事实”其实就是改变你对某人不好的看法。

回教的《古兰经》上有一个很经典的故事（情节基本上是这样的）：

有一位大师，通过几十年的时间练就了一身“移山大法”，某一天他宣布当众表演他的“移山大法”。这一天早上，广场上聚集了很多人，想

一睹大师的“移山大法”，只见这位大师面对前面的大山口中念念有词：山过来，山过来……一个小时过去了，大师睁开眼睛问大家：山有没有过来啊？其中有些人说：没有过来啊。也有些人说：好像是过来了一点。然后大师继续作法，口中念念有词：山过来，山过来……中午了，大师又问大家：山有没有过来啊？其中有些人说：没有过来啊。也有些人说：好像是过来了一点。这时，已经有一部分人等不及走了，还有一部分人继续留下来看。时间慢慢地过去，大师一直在作法，看热闹的人也慢慢少了。快到傍晚了，广场上已经没有多少人了，大师又问大家：山有没有过来啊？这时大家相互看了看，异口同声地说：大师啊，这山的确没有过来啊！大师想了想说：好，我再来一次。于是他又开始作法，口中念念有词：山过来，山过来……但是这一次不同的是，他口中念念有词的同时，脚步也在慢慢地往山的另一个方向移动，那些看的人也不自觉地跟着他慢慢移动，一会儿，大师睁开眼睛再问：你们看山有没有过来啊？这次大家又异口同声地说：“山真的过来了。”大师听了之后，说：“其实山并没有过来，是我过去了，我要告诉大家的是世上本来就没有移山之术，唯一能移山的方法就是：山不过来，我就过去。”

这时，留在现场看的人才恍然大悟：原来大师并不是真的要表演什么“移山大法”，而是要告诉我们这个道理！

现实生活中有太多的事情就像“大山”一样，是我们无法改变的，或至少是暂时无法改变的。“移山大法”启示我们：如果事情无法改变，我们就改变自己。

如果别人不喜欢自己，那是因为我们还不够让人喜欢；

如果无法说服他人，那是因为我们还不具备足够的说服力；

如果顾客不愿意买我们的产品，那是因为我们还没有生产出足以令顾客愿意购买的产品；

如果我们还无法成功，那是因为我们暂时还没有找到成功的方法。

要想事情改变，首先得改变自己；只有借由改变自己，才会最终改变别人；只有借由改变自己，才会最终改变属于自己的世界。

山，如果不过来，那就让我们过去吧！

一位哲人说过：如果你不能成为大道，那就当一条小路；如果你不能成为太阳，那就当一颗星星。决定成败的不是尺寸的大小，而在于做一个最好的自己。要做最好就意味着改变，许多事情我们无法改变，但我们能够改变自己的心，改变自己的情绪。生命是自己的画板，需要自己着色，不要用一种色彩把所有的东西都遮挡，学会改变，才能绘出光彩夺目的明天。

然而，由于受到习惯和固有思维方式的限制，想要改变并没有那么容易，这需要我们打破原有的思维方式，甚至是彻底打破事物现有的状态。

培训课上，业界的精英们正襟危坐，听管理学教授讲关于企业运营的报告。

站在讲台上的教授从包里拿出一只开口很小的瓶子放在桌上，然后指着旁边一个胀得圆鼓鼓的气球对大家说："谁能告诉我，怎样把这只气球装到这只瓶子里去？当然，你不能这样，嘭！"教授滑稽地做了个气球爆炸的手势。众人面面相觑，都不知道教授葫芦里卖的什么药。

终于，一位女士走到台前，拿起气球小心翼翼地捏弄。她想利用橡胶柔软可塑的特点，把气球一点一点地塞到瓶子里。但很快她发现自己的努力是徒劳的。

教授看到没有人愿意再上来试一下，他拿起气球，三下两下解开气球嘴上的带子，"哧"的一声，圆圆的气球变成了一个软塌塌的小袋子。教授把这个小袋子塞到瓶子里，只留下吹气的口儿在外，然后用力吹气。很快，气球鼓起来，胀满在瓶子里。

教授再用带子把气球嘴儿扎紧。“瞧，我只改变了一下方法。”

教授转过身，拿起笔在黑板上写了个大大的“变”字，然后说：“现在，我们做第二个游戏。”他指着一个戴眼镜的男子说：“现在请你用这只瓶子做出五个动作，什么动作都可以，但不能重复。”

“眼镜”拿起瓶子、放下瓶子、扳倒瓶子、竖起瓶子、移动瓶子，五个动作很快就完成了。教授点点头，说：“请你再做五个，但不要与刚才做过的重复。”

“眼镜”又很轻易地完成了。

“请再做五个。”等教授第五次发出同样的指令时，“眼镜”突然大吼一声：“不！我宁愿摔了这瓶子也不想再让它折磨我的神经了！”“眼镜”把瓶子重重地放在讲台上，愤愤地走回到自己的座位。

精英们笑了，教授也笑了，他面向大家：“你们看到了，‘变’有多难！连续不断地‘变’几乎使这位先生发疯。可你们比我还清楚，商战中的‘变’有多么重要。因为不变比发疯还要糟，那意味着死亡。”

精英们开始对这场别开生面的报告品出点味儿来了，他们微笑着互相交换着目光。

停了片刻，教授从包里拿出一只开口很大的瓶子放到台上，指着那只装气球的瓶子说：“谁能把它放到这只新瓶子里去？”

精英们都看到这只新瓶子并没有原来的那个瓶子大，直接装进去是根本不可能的。但这样简单的问题难不住头脑机敏的精英们，一个高个子中年男人走过去，拿起瓶子用力向地上掷去，瓶子碎了，中年人拾起一块块碎片装入新瓶子。教授点头表示赞许，精英们没人对中年人的做法感到意外。

这时教授说：“先生们，这个问题很简单，我想你们都想到了这个答案。但实际上我要告诉你们的是改变最大的极限是什么。”教授举起手中的瓶子：“瞧，最大的极限是完全改变旧有状态，彻底打碎它！感谢在座的诸位，我的报告完了。”

故事中教授所传授的知识和“移山大法”如出一辙，在商场或职场当中我们无法左右环境，但是我们可以改变自己的思维方式，当我们对现有状态毫无把握的时候，不妨彻底打破它吧！

本章结论：

1. 命运自当行，因果由己出！

2. 我是一切的根源！

3. 成败由自己的思维方式决定！

4. 换一种思维方式，永远是解决问题的关键！

卓越团队的共同理念之六
严格要求是卓越的开始

我们都是在不断地自我否定中，不断地自我超越。

——杨可以

第一节　天助自助者

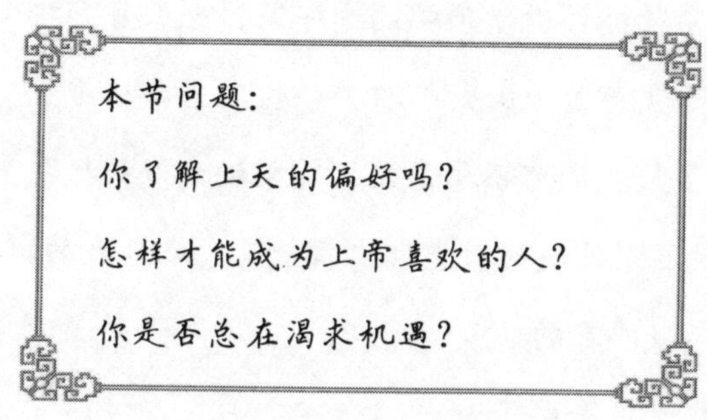

一生当中，我们都在渴求机遇，然而我们却常常不知道自己到底要什么机遇，或不知道它长什么样子。即使知道，当机遇降临时，又常常没准备好。

偶尔真的很有运气抓住了一个机遇时，又因抓不住下一次机遇，或因没有足够的能力或耐力将其不断放大，而以失败告终。

真正的机遇，绝不来源于机遇本身，而来源于对机遇的定义，对机遇的认识、准备与把握。每个人都会有好运气，机遇面前人人平等。但是，能否抓住机遇，也许就不会平等。因为，要想天助，必须先自助。

这一切都在印证中国的一条古训：天助自助者！

在某个小村落，下了一场非常大的雨，洪水已淹没了全村，一位神甫在教堂里祈祷，眼看洪水已经淹到他跪着的膝盖了。一个救生员驾着舢板来到教堂，跟神甫说："神甫，赶快上来吧！不然洪水会把你淹死的！"神甫说："不！我深信上帝会来救我的，你先去救别人好了。"

过了不久，洪水已经淹过神甫的胸口了，神甫只好勉强站在祭坛上。

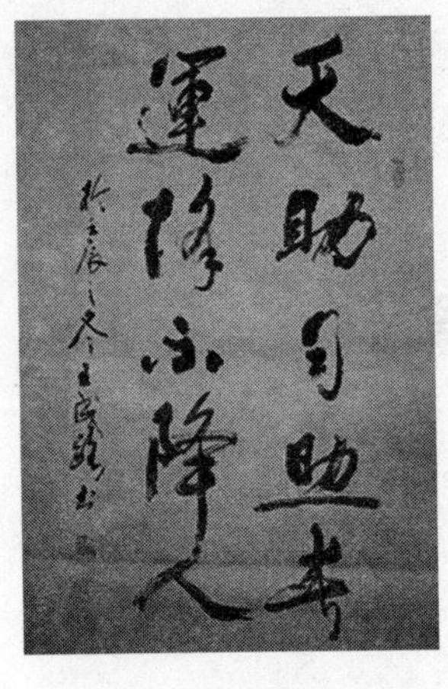

这时，又有一个警察开着快艇过来，跟神甫说：“神甫，快上来，不然你真的会被淹死的！”神甫说：“不，我要守住我的教堂，我相信上帝一定会来救我的。你还是先去救别人好了。”

又过了一会儿，洪水已经把整个教堂淹没了，神甫只好紧紧抓住教堂顶端的十字架。一架直升机缓缓地飞过飞行员大喊：“神甫，快上来，这是最后的机会了，我们可不愿意见到你被洪水淹死！”神甫还是意志坚定地说：“不，我要守住我的教堂！上帝一定会来救我的。你还是先去救别人好了。上帝会与我同在的！”

洪水滚滚而来，固执的神甫终于被淹死了……

神甫上了天堂，见到上帝后很生气地质问：“主啊，我终生奉献自己，战战兢兢地侍奉您，为什么您不肯救我！”

上帝说：“我怎么不肯救你？

第一次，我派了舢板来救你，你不要，我以为你担心舢板危险；

第二次，我又派了一只快艇去，你还是不要；

第三次，我以国宾的礼仪待你，再派一架直升机来救你，结果你还是不愿意接受。

所以，我以为你急着想要回到我的身边来，可以好好陪我。”

这个故事说明：机遇不是没有，而是常常存在于我们的身边，只是我们没有用心去发现，甚至在坐等机遇到来的时候，机遇已经溜走了。成功要靠自己，天助自助者。

在职场当中，每个人都有自己的职业梦想，但是只有少数人能够坚持到底，大多数人会在中途一道而行，就好比电影《天助自助者》中凌明的翻译一样，在海尔最苦难的时候选择了离开，经受不住诱惑而放弃自己的信仰。当然凌明很有魄力，在取得了一定的成就时，最后收留了曾经“背叛”自己的人。通过这部影片，我们可以看出每个忠于自己梦想的人，都会受到很多的阻碍——朋友的背叛，亲人的疑虑，别人的说三道四……但只要严格要求自己，放手去拼搏，总会成功，这就验证了一个道理：自助者天助！

人生就像一条连绵不断的抛物线，总是起起伏伏，有春风得意，也难免有伤心失落。中国古人常说的一句话：某时某刻，定会有贵人相助，常指人在走投无路的时候，突然之间峰回路转，柳暗花明。这个贵人，多是外界的力量，而更重要的却是我们自己永不放弃。天助不如自助，自助者，天助之。

每个人都希望自己获得事业的成功，无数平凡的人都期望能够有人助自己一臂之力。因为只要得到贵人“四两拨千斤”地一推，就可能成就一番不可预想的伟业。

但这个世界上，不是每个人都有那样的好运气。许多人勤勤恳恳、拼搏执着，却到不了最耀眼的终点。在别人不能推最后一下的时候，我们不如从自己这方面下手，找到“成功催化剂”，做一回自己的贵人。

自助者天助，自己才是拯救自己的那个人。这是勇气的力量、人格的凝练，更是一个人追求自我完善的唯一途径！当有一天遭到困境，你会怎样选择？怨天尤人还是靠自己奋起？相信我们心中都已经有了答案！

无论是在事业上，还是在生活中，每个人都会遇到低谷，这时候我们要鼓励自己，勇敢地走出困境。自助者天助之，自弃者天弃之。只要我们自己不放弃，就一定会有成功的那一天。

真正的自助者就像黑夜里发光的萤火虫，不仅会照亮自己，而且能赢得别人的欣赏——当人们欣赏一个人时，往往会用帮助的形式表示爱护——好运气因此而降临。

人们相信，一个真正的自助者最终会成功，而所有帮助过他的人也会为此而感到欣慰。

第二节　严格要求是卓越的开始

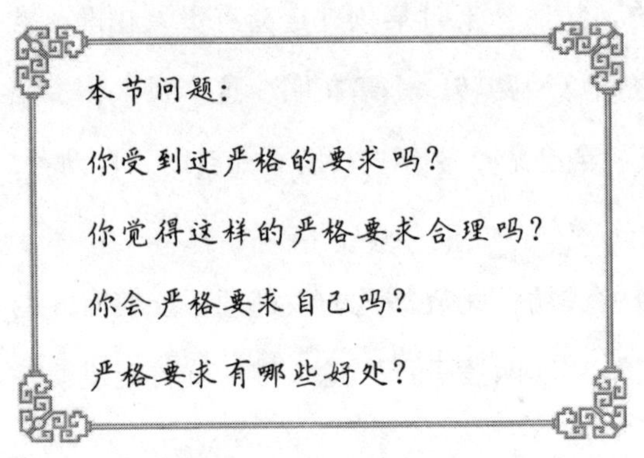

本节问题：

你受到过严格的要求吗？

你觉得这样的严格要求合理吗？

你会严格要求自己吗？

严格要求有哪些好处？

从古至今，大凡有成就者都是从小就受到了严格的教育，或者是从小就严格要求自己。俗话说，“爱之甚，则求之切。”严格要求来自对孩子的深厚感情和高度的责任感。只有严格要求，才能使孩子掌握正确的人生方向，树立远大的理想。从一定意义上来说，没有严格要求，就没有成功。

孟母三迁的故事，我们已经耳熟能详。

战国时期鲁国人的孟轲，在三岁的时候父亲就去世了，由母亲一手抚养长大。

孟子小时候很贪玩，模仿性很强。他家原来住在坟地附近，他常常玩筑坟墓或学别人哭拜的游戏。母亲认为这样不好，就把家搬到集市附近，

孟子又模仿别人做生意和杀猪的游戏。孟母认为这个环境也不好，就把家搬到学堂旁边。孟子就跟着学生们学习礼节和知识。孟母认为这才是孩子应该学习

的，心里很高兴，就不再搬家了。这就是历史上著名的“孟母三迁”的故事。

对于孟子的教育，孟母更是重视。除了送他上学外，还督促他学习。有一天，孟子从老师子思那里逃学回家，孟母正在织布，看见孟子逃学，她非常生气，拿起一把剪刀，就把织布机上的布匹割断了。孟子看了很惶恐，跪在地上请问原因。孟母责备他说：“你读书就像我织布一样。织布要一线一线地连成一寸，再连成一尺，再连成一丈、一匹，织完后才是有用的东西。学问也必须靠日积月累，不分昼夜勤求而来。你如果偷懒，不好好读书，半途而废，就像这段被割断的布匹一样变成了没有用的东西。”

孟子听了母亲的教诲，深感惭愧。从此以后专心读书，发愤用功，身体力行，实践圣人的教诲，终于成为一代大儒，被后人称为“亚圣”。

如果没有孟母对孟子的严格要求，我国历史上很可能就少了一位大教育家、大思想家了。所以，孟母严格要求孩子的故事至今广为流传。

对于每个人来说，要想有所成就就必须受到严格的要求，而外界的严格要求只能起到督促的作用，真正需要的是自己严格要求自己。

在职场当中更需要了解自我，知道自己的长处和不足，严格要求自己，尽量发挥自己的优点，克服和纠正自己的不足。有的人上班经常迟到早退，大事小事都请假，工作时间上网聊天，这些往往是纪律严明的用人单位最不能容忍的事情。所以，工作时间一定要尽量严格要求自己，不要迟到早退，更不能轻易为自己的私事请假离岗。

严格要求自己，尽量使自己少犯错误，少出纰漏，要做到以下几点：

1. 遵守公司的规章制度

每个公司都为保证其正常运行设立了一些规章制度。这些制度都是为约束组织成员行为而设立的，以保证团队能够通力合作、协调进步。作为公司中的一员，应该严格遵守各项规章制度，以保证公司日常工作的顺利进行。这对于一向遵守规章制度的员工来说没有什么，而对那些不能自律的员工来说就会感受到约束力。但是，作为员工应该明白一点：自觉遵守公司的规章制度是提高自己自律能力的有效途径，也是让自己更优秀的基本保证。

2. 严格要求自己，设立自己的职业目标

设立工作目标的主要作用恰恰在于把自己从对现状的不满意中摆脱出来，并由此产生工作的动力，激励自己前进。善于发现工作的意义，就能发掘自身的价值。做一个敢于尝试、创新的员工，成为老板眼里非常有潜力的员工。

3. 有发展眼光，有进取心

不能只看眼前高薪，不管未来发展。只要建立雄厚的根基，未来的高薪便不是梦想。所以，在追求现实优越的同时，也得兼顾一下自己的未来发展。与时代共舞，与未来共舞，才是当今青年追求的新时尚。

4. 站在公司的角度看问题

不要站在自己的角度去看“公平”，比如提升问题、工资问题等，都有许多你掌握不了的内幕。要站在企业的角度和老板的角度去看问题，作

为员工必须去适应和理解。如果心有怨言、消极怠工或不思进取，那就给自己设下了前进的障碍。

随着竞争的加剧，职业发展过程中不可避免地会有来自各方面的压力，有各种沟沟坎坎，工作和生活的双重重担都会压在肩上，要想成为未来的赢家，身体健康、心理健康都是必不可少的武器，所以，有意识地严格要求自己是上策。

人生是个精彩的大舞台，公司是个小舞台，无论在哪个舞台上，要想当一名出色的演员都要严格要求自己，练就一身真实的本领。严格要求自己，心怀奋斗目标，脚踏实地，你必定是一颗耀眼的明星！

第三节　奔跑的小狮子

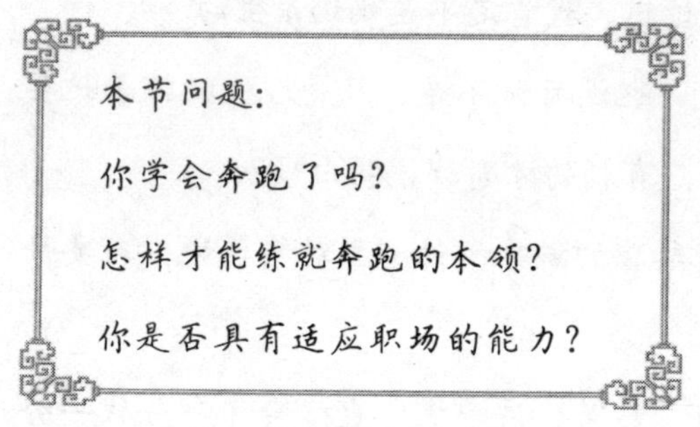
本节问题：

你学会奔跑了吗？

怎样才能练就奔跑的本领？

你是否具有适应职场的能力？

无论是人还是动物，要想练就一身“武艺”，离开严格要求是不行的。下面的这个故事或许会让我们有所感悟。

她常回忆起八岁以前的日子：风吹得轻轻的，花开得漫漫的，天蓝得像大海。妈妈给她梳漂亮的小辫子，辫梢上扎蝴蝶结，大红、粉紫、鹅黄；给她穿漂亮的裙子，裙摆上镶一圈白色的滚边儿，还有鞋头上缀着花朵的红皮鞋。妈妈带她去动物园，看猴子爬树，给鸟喂食。妈妈给她讲童话故事，讲公主一睁开眼睛就看到了王子。她问妈妈，我也是公主吗？妈妈回答：是的，你是妈妈的小公主。

可是有一天，她睁开眼睛，一切全变了样。妈妈一脸严肃地对她说：从现在开始，你是大孩子了，要学着做事。妈妈给她端来一个小脸盆，脸盆里泡着她换下来的衣裳。妈妈说，自己的衣裳，以后要自己洗。正值大冬天，水冰凉刺骨，她瑟缩着小手，不肯伸到水里。妈妈在一边，毫不留情地把她的小手按到水里面。

妈妈也不再给她梳漂亮的小辫子了，而是让她自己胡乱地用皮筋扎成一束，蓬松着。她去学校，别的小朋友都笑她，叫她小刺猬。她回家对妈妈哭，妈妈只淡淡地说了一句：慢慢就会梳好了。

她不再有金色童年。所有的空余，都被妈妈逼着做事——洗衣，扫地，做饭，甚至去买菜。第一次去买菜，她攥着妈妈给的钱，胆怯地站在菜市场门口。她看到别的小朋友牵着妈妈的手，一蹦一跳地走过，那么地快乐。她小小的心，在那一刻涨满疼痛。她想，我肯定不是妈妈亲生的。

她回去问妈妈，妈妈没有说是，也没有说不是。只是埋头挑拣着她买回来的菜说：买黄瓜，要买有刺的，有刺的才新鲜，明白吗？

她流着泪点头，第一次懂得了悲凉的滋味。她心里对自己说，我要快快长大，长大了去找亲妈妈。

几个月的时间，她学会了烧饭、炒菜、洗衣裳，也学会了一分钱一分钱地算账，能辨认出哪些蔬菜不新鲜，而且还学会了钉纽扣。

一天，妈妈对她说，妈妈要出趟远门。妈妈说这话时，表情淡淡的。她点了一下头，转身跑开。等她放学回家，果然不见了妈妈。她自己给自己梳漂亮的小辫子，自己做饭给自己吃，日子一如寻常。偶尔地，她也会想一想妈妈，只觉得很遥远。

再后来的一天，妈妈成了照片上的一个人。大家告诉她，妈妈得病死了。她听了，木木的，并不觉得特别难过。

半年后，父亲再娶。继母对她不好，几乎不怎么过问她的事。这对她影响不大，基本的生存本领她早已学会，她自己把自己打理得很好，如岩缝中的一棵小草，一路顽强地长大。

她是在看电视里的《动物世界》时，流下热泪的，那个时候，她已嫁得好夫婿，日子过得很安稳。动物世界中，一头母狮子拼命踢咬一头小狮子，直到它奔跑起来为止。她就在那会儿想起妈妈，当年，妈妈重病在身，不得不硬起心肠对她，原来是要让她迅速成为一头奔跑的小狮子，好让她在漫漫人生路上能够很好地活下来。

故事中的女孩，在感悟到母狮子严格训练小狮子的良苦用心的同时，也理解了当年妈妈为了使她迅速成为一头奔跑的小狮子的“狠心”。而我们读了这个故事应该受到什么样的启发呢？尤其是在职场竞争激烈无比的今天，我们应该怎样让自己具有迅速奔跑的能力呢？

首先，要培养自己的专业能力。专业能力指从事职业和创业活动所必需的知识和技能及运用已掌握的知识和技能解决工作中实际问题的能力。包括合理的知识结构、过硬的专业技能、较高的计算机和外语水平能力。如果你感觉到你的专业能力还不能够应对你的工作需要，你就要查漏补缺，通过补习班或者是在工作实践中向他人请教等来提高自己的专业能力。

一般来说，我们能否适应所在岗位的工作要求、取得领导和同事们的认同，与我们所掌握的专业知识技能的状况密切相关。实践证明，专业知识技能的水平越高，就越能胜任工作和发展工作，越有利于工作中各种关系的处理，更利于形成良好的职业发展循环。

其次，要增强自己的适应能力。现代社会瞬息万变，“物竞天择，适者生存”，如果你不能适应职场的新变化，只有被职场淘汰。适应能力的高低直接影响一个人工作的成败。可以说，适应能力是职场人士的核心能力之一。

适应在心理学上一般指个体调整自己的动机和心理状态，使之与环境条件的要求相符合。适应能力是指个体在社会组织系统、群体或经济文化因素中，其生存功能、发展目标和实现相应的变化的能力。一个人无论专业技能发展得如何好，若不能适应现实需要，则很难取得事业上的成功。因此，我们要注意适应能力的培养。要应付职场需要和职业发展，着重培养自己的人际交往能力、表达能力、组织管理能力、客观评价自我的能力、承受一定挫折的能力。

再次，要具备竞争能力。现代职场，时时、事事、处处充满着竞争，竞争不可回避、不可逆转。职场竞争如逆水行船，不进则退。职场人士如何在激烈的就业竞争中获得自己的一席之地，就要看自己的竞争力。我们要从思维能力、营销能力、发展能力、创新能力、创业能力等方面来培养自己的竞争力，以便在激烈的职场竞争当中取胜。

最后，要提高情感智商。1995年10月，美国《纽约时报》专栏作家丹尼尔·戈尔曼出版了《情感智商》一书，并将其与智商（IQ）相对应，称为“情商”。戈尔曼在书中明确指出，情商包括自我察觉能力、自我调控能力、自我激励能力、了解别人情绪的能力、融洽人际关系的能力。显然，这些能力都是职场人士必备的能力。所以，我们还要注意提高自己的情感智商。

注意培养以上各种能力，在职场当中你就是一只具有快速奔跑能力的“小狮子”。

本章结论：

1. 管理就是严肃的爱，爱谁就要严格要求谁！

2. 对自己狠点才是自我缔造的开始！

3. 只有经过严格训练的团队，才能从优秀变成卓越！

4. 只有经历过地狱般的折磨才能拥有征服天堂的力量！

卓越团队的共同理念之七
每天进步一点点

人生的结局都是死路一条，所以人生的过程更重要。

——杨可以

第一节　每天进步一点点

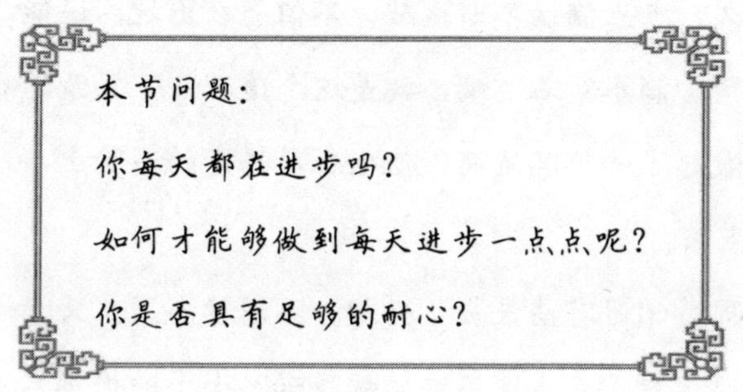

本节问题：

你每天都在进步吗？

如何才能够做到每天进步一点点呢？

你是否具有足够的耐心？

古人曰："不积跬步，无以至千里。不积小流，无以成江河。骐骥一跃，不能十步；驽马十驾，功在不舍。锲而舍之，朽木不折；锲而不舍，金石可镂。"我们早已把古人的这些诗句背诵得滚瓜烂熟，然而我们是否真的早已把其中的道理铭记于心了呢？

如下图：成功需要每天进步一点点！

$$1\times1\times1\times1\times\cdots\times1=1$$

$$1.1\times1.1\times1.1\times\cdots\times1.1\approx3$$

$$0.9\times0.9\times0.9\times\cdots\times0.9\approx1/3$$

如果我们每天保持不变，时间再久也不会有所进步，甚至会出现倒退，只有每天进步一点点，才能有所收获。

古人还有很多关于每天进步一点点，才能取得最后的成功的名句，例如"冰冻三尺非一日之寒""滴水穿石"等。我国伟大的生物学家、教育家童第周先生小时候就受过滴水穿石的启发。

童第周小时候的好奇心十分强，看到不懂的问题往往要问父亲为什么。父亲每次都不厌其烦地耐心给他讲解。

一天，童第周看到屋檐下的石阶上整整齐齐地排列着一行小坑坑，他觉得十分奇怪，琢磨半天弄不明白是怎么回事，便去问父亲："爸爸，那屋檐下石板上的小坑是谁敲出来的？是做什么用的呀？"父亲看到儿子这么好奇，高兴地说："这不是人凿的，而是檐头水滴下来敲的。"小童第周更奇怪了，水还能把坚硬的石头敲出坑？父亲耐心地解释说："一滴水当然敲不出坑，但是天长日久，点点滴滴不断地敲，不但能敲出坑，还能敲出一个洞呢！古人不是常说'滴水穿石'嘛，就是这个道理。"父亲的一席话，在小童第周的心里激起了一阵阵涟漪，他坐在屋檐下的石阶上，望着父亲，似懂非懂地点了点头。

由于农活比较多，童第周对学习有些失去了兴趣，不想读书了。父亲耐心地开导童第周说："你还记得'滴水穿石'的故事吗？小小的檐水只要坚持不懈，就能把坚硬的石头敲穿。难道一个人的恒心不如檐水吗？学知识也要靠一点一滴积累，坚持不懈才能获得成功。"为了更好地鼓励童第周，父亲书写了"滴水穿石"四个大字赠给他，并充满期望地说："你要把它作为座右铭，永志不忘。"

童第周没有辜负父亲的期望，他牢记滴水穿石的故事，坚持不懈的努力，终于成为了一代大家。一个人，如果每天都能进步一点点，哪怕是微不足道的一点点，似滴水穿石，那么今天与昨天就有了大不同。同样地，职场当中我们也需要这种"滴水穿石"的精神。那么，怎样做才能每天进步一点点呢？

古人说："君子博学而日参省乎，则智明而行无过矣。"在职场当中，我们也需要每天思考一下自己的得失，值得坚持的和应该改正的地方都有哪些。最好是记录一下自己每天的工作感悟，以便于在以后的工作当中起到督促作用。

注意把握工作细节。成功是由一件又一件小事，一个又一个的细节积累而成的。如果能把握住这些细节，人们就能获得成功，如果不注重细节的积累，而只想一举成功，那无异于白日做梦。细节总容易为人所忽视，却往往最能反映一个人的真实状态，因而也最能表现一个人的修养。正因为如此，透过小事看人，日渐成为衡量、评价一个人的最重要的方式之一。素质是考验一个人能否迅速成长的关键，它包括能力、性格、品德等因素。

要有耐心，要有信心，要能守得住。形式坚持久了，就会成为内容的一部分。无论从事任何工作都需要有耐心，没有耐心往往会半途而废。有耐心就不要害怕失败，失败是成功的特例，真的能够失败到足够多的次数，成功就会不期而至。天无绝人之路，失败以后你就会找到成功的路。

另外，在工作的同时也不要忘记学习新知识。博学的知识和丰富的经验也能给自己带来职场的主导性和优越感。我们只有在不断学习中才能完善自我，时刻提升完善率就是职场的精华之处，每天进步一点点必会带来职场发展大丰收。

每天进步一点点，会让我们每天都充满信心，让我们在平静和从容中，默默努力，不虚度每一天，不妄想某些不切实际的东西。只要我们每天进步一点点，无数个这样的“一点点”累积起来，将会是极为辉煌的胜利。成功就是简单的事情重复着去做。每天进步一点点是简单的，之所以有人不成功，不是他做不到，而是他不愿意坚持，不愿意做一些简单重复枯燥的事情。因为越简单，越容易的事情，人们越容易不去做它。人的智商没有多大差别，之所以有的人成功，有的人失败，就是因为有的人能够每天坚持进步一点点，而有的人就做不到这一点。

荷塘里有一片落叶，它每天会增长一倍。假使 30 天会长满整个荷塘，请问第 28 天，荷塘里有多少荷叶？答案是只有 1/4 荷塘的荷叶。这时，假使你站在荷塘的对岸，你会发现荷叶是那样的少，似乎只有那么一点点，但是，第 29 天就会占满一半，第 30 天就会长满整个荷塘。

整个过程，荷叶每天变化的速度都是一样的，可是前面花了漫长的 28 天，我们能看到的荷叶就只有那一个小小的角落。很多人常常只对“第29天”的希望与“第30天”的结果感兴趣，却因不愿忍受漫长的成功过程而在“第28天”放弃。

成功来源于诸多要素的几何叠加。

比如，每天笑容多一点点，每天行动多一点点，每天创新多一点点，每天的效率高一点点……假以时日，我们的明天与昨天相比将会有天壤之别。

成功就是简单的事情重复去做，成功就是每天进步一点点。

一个人，如果每天进步一点点，哪怕是1%的进步，试想，有什么能阻挡住他最终的成功？

一个企业，如果把“每天进步一点点”变成企业文化的一部分，当其中的每个人每天进步一点点，试想，有什么障碍能阻挡得住它最终的辉煌？就像数学乘式中每个乘项增加0.1，而乘积却会成倍增长一样。

竞争对手常常不是我们打败的，而是他们自己忘记了每天进步一点点。成功者不是比我们聪明，而是他比我们每天进步了一点点。

第二节　每天进步一点点，奇迹就会发生

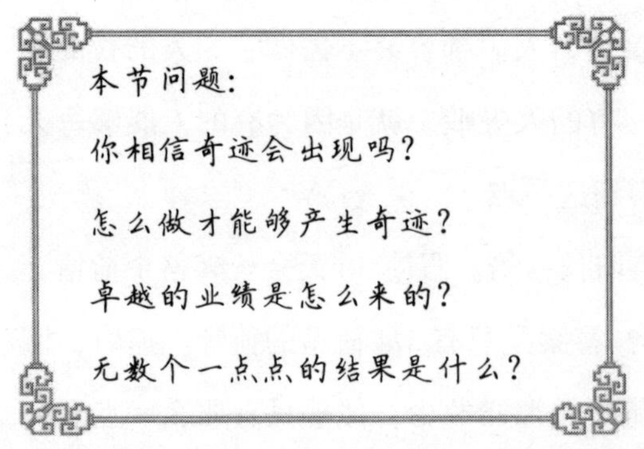
本节问题：

你相信奇迹会出现吗？

怎么做才能够产生奇迹？

卓越的业绩是怎么来的？

无数个一点点的结果是什么？

香港海洋公园里有一条大鲸鱼，虽然重达8600公斤，但仍能跃出水

面6.6米，还能向游客表演各种杂技。面对这条创造奇迹的鲸鱼，有人向训练师请教训练的秘诀。训练师说，在最初开始训练时，我们会先把绳子放在水面之下，使鲸鱼不得不从绳子上方通过，每通过一次，鲸鱼就能得到奖励。渐渐地，我们会把绳子提高，只不过每次提高的幅度都很小，大约只有两厘米，这样鲸鱼不需花费多大的力气就有可能跃过去，并获得奖励。于是，这条常常受到奖励的鲸鱼，便很乐意地接受下一次训练。随着时间的推移，鲸鱼跃过的高度逐渐上升，最后竟然达到了6.6米。

每天练习，臃肿的身躯不会是绊脚石！

训练师最后总结到，他们训练鲸鱼成功的诀窍，是每次让它进步一点点。正是这微不足道的一点点积累起来，天长日久，便取得了惊人的进步。

在计量单位上，有一个较小的质量单位叫盎司。它经常会被引用借代微不足道的事情。然而，正如刚才说的训练师培训鲸鱼的方法那样，哪怕是每次进步一盎司，到了一定的程度，也会创造出伟大的奇迹！

每次进步一盎司，贵在每次，也难在每次。

相传，古代蒙古人在训练大力士时，也采用这个办法。据说具体是这样做的：他们会让小孩子每天抱着刚出生不久的小牛犊上山吃草，小牛犊这时往往不过十多斤重，孩子们完全能轻松胜任。这样，随着牛犊的一天天长大，孩子们的力气也越来越大，最后，当牛犊长成几百斤的大牛时，孩子们也练出了力能举鼎的神力！

这个故事告诉我们：量变到了一定的程度就能引起质变。每天坚持进步一点点，奇迹就会出现。在我们生活的社会之中，有许多人一生都在计划、梦想、等待、准备之中，蹉跎了无数岁月，仍然没有行动。缺乏动力的人永远只是一个可怜的空想家，他一直都在准备、计划之中，但他明天、明年也许永远不会比今天、今年准备得更充分、更好。然而他始终不明白这个道理，缺乏坐言起行的精神，最后又往往把自己的失败归咎于命运的安排。是的，他的失败和庸碌无为也只能是“命”中注定的了。

有一首童谣说得好：失了一颗铁钉，丢了一只马蹄铁；丢了一只马蹄铁，折了一匹战马；折了一匹战马，损了一位将军；损了一位将军，输了一场战争；输了一场战争，亡了一个帝国。

一个帝国灭亡的原因居然是一位能征善战的将军的战马的一只马蹄铁上的一颗小小的铁钉松掉了。正所谓小洞不补，大洞吃苦。每次一点点的变化，最终会酿成一场灾难。

管理学上也有一个被称作“蝴蝶效应”的例子。纽约的一场风暴，起因是东京有一只蝴蝶在拍翅膀。翅膀的振动波，正好每一次都被外界不断放大，不断被放大的振动波越过大洋，结果就引发了纽约的一场风暴。

每次一点点的放大，最终会带来“翻天覆地”的变化。成功就是每天进步一点点。比如，每天积极一点点，每天比昨天有精神一点点，每天所做的事情比昨天多一点点，每天的效率比昨天提高一点点，每天方法比昨天多找一点点……

这一切都说明成功不是偶然，是要持续不断地付出努力，没有量的变化怎么会有质的飞跃？

所以，不要忽略每天一点点小小的进步，一天一天的积累就是从量变到质变的分水岭。只要踏踏实实过好每一天，保持平常心，克服浮躁心，每天进步一点点，每次都努力一点点，你一定会成功的。

无论是公司还是个人，想要获得大成功，就不能忽视小进步。在汽车业界，几乎没有人否认丰田会成为汽车业界的老大。但最近美国华盛顿邮报刊登了一篇文章，指出丰田的效率、灵活性、质量控制虽然都深受业界推崇，但日本人最能超越对手的是他们的远见。

据广州日报报道：半个多世纪以来，丰田成功地避免了大规模裁员和劳资纠纷，同时劳动生产效率提高了好几倍。在丰田爱知县生产普瑞斯的工厂，两条生产线上生产 7 款不同的车型，工人们平均每两个小时要更换生产任务，显示了丰田工厂的高效率管理，同时也显示了对丰田的员工培训多么有成效。

丰田为了提高效率到了无以复加的地步，很多细节看起来没有什么技术含量，但是却很有效。比如，为了提高组装流水线的速度，对工人的每个动作进行分解，然后制定规范，将其中多余的动作去掉。丰田每年的内部改进大约有 60 万项之多。正是这些小的改进，成就了丰田的巨大成功。

无疑，丰田是每个公司学习的榜样。尤其是那些把精力运用在斤斤计较于员工福利多少或是怎样裁员的公司，更应该学习丰田的这种大手笔，从工作细节管理上来提高员工效率，让员工一点点地进步，而不是等着考核不及格再去裁员，引起不必要的麻烦。当然了，企业精神是靠大家传承的，如果员工没有每天进步一点点的意识，整个企业也不会进步，所以，无论是企业，还是员工个人都要养成每天进步一点点的习惯，这样才能获得卓越的成绩。

第三节 多准备一些

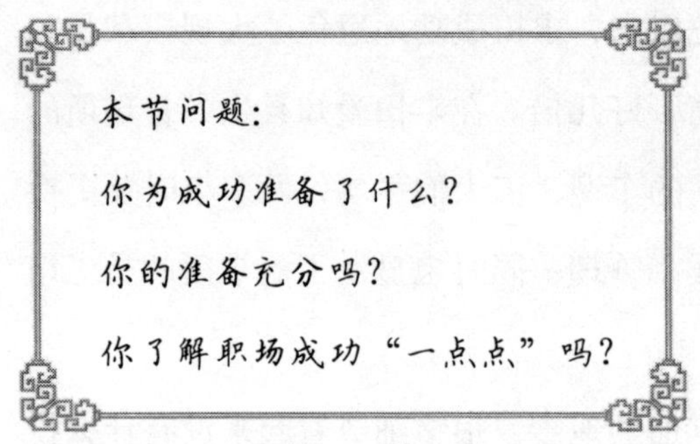
本节问题：

你为成功准备了什么？

你的准备充分吗？

你了解职场成功“一点点”吗？

成功总是偏爱有准备的头脑。在工作当中我们常常看到一些工作认真、勤奋、负责的人，然而久而久之他们并没有取得明显的进步，原因就是他们长此以往做着同样的事情，缺少多做一点点的准备，也就少了一些发展的机会。

纽约的一家公司被一家法国公司兼并了，在兼并合同签订的当天，公司的新总裁就宣布：“我们不会随意裁员，但如果你的法语太差，导致无法和其他员工交流，那么，我们不得不请你离开。这个周末我们将进行一次法语考试，只有考试及格的人才能继续留在这里工作。”散会后，几乎所有人都拥向了图书馆，他们这时才意识到要赶快补习法语了。只有一位员工像平常一样直接回家了，同事们都认为他已经准备放弃这份工作了。令所有人都想不到的是，当考试结果出来后，这个在大家眼中肯定没有希望的人却考了最高分。

原来，这位员工在大学刚毕业来到这家公司之后，就已经认识到自己身上有许多不足，从那时起，他就有意识地开始了自身能力的储备工作。

虽然工作很繁忙，但他却每天坚持提高自己。作为一个销售部的普通员工，他看到公司的法国客户有很多，但自己不会法语，每次与客户的往来邮件与合同文本都要公司的翻译帮忙，有时翻译不在或兼顾不上的时候，自己的工作就要被迫停顿。因此，他早早就开始自学法语。同时，为了在和客户沟通时能把公司产品的技术特点介绍得更详细，他还向技术部和产品开发部的同事们学习相关的技术知识。

这些准备都是需要时间的，他是如何解决学习与工作之间的矛盾的呢？就像他自己所说的那样：“只要每天记住10个法语单词，一年下来我就会3600多个单词了。同样，我只要每天学会一个技术方面的小问题，用不了多长时间，我就能掌握大量的技术了。”

在职场当中，如果你是一个有心人，你会发现仅仅做到全心全意、尽职尽责是不够的，还应该在工作中比别人多准备些。或许有的人认为，我没有义务要做职责范围以外的事，我只要把自己的本职工作做好就够了。但是，每天多做一点点职责范围外的事情，能够驱策你快速前进。这种态度是一种极珍贵、备受看重的素养，它能使人变得更加敏捷，更加积极。无论你是管理者，还是普通职员，每天多准备一点能使你从竞争中脱颖而出，能让你的企业、上司、同事和顾客更加关注你、信赖你，从而给你更多的机会。

我们为什么需要每天多准备一点点，以下两个理由就足够了。

第一，在养成了“每天多准备一点点”的好习惯之后，与身边那些没有养成这种习惯的人相比，你就多了一种优势。这种习惯使你无论从事什么行业，都会有更多的人指名道姓地要求你提供服务。

第二，如果你能比分内的工作多做一点点，不仅能彰显自己勤奋的美德，而且能发展一种超凡的技巧与能力，使自己具有更强大的生存力量，从而进入卓越员工的行列。

我们的先人早就总结出了“笨鸟先飞”的成功经验，在职场中无论一个人多么聪明，如果不能与时俱进，不学习，总有一天会落后于其他人。

我们都知道职场新贵、泡泡网 CEO 李想，创业近几年的时间，身价就达 1 亿元以上。1981 年出生的李想，刚参加工作时的收入只有几千元，然而四年以后身价就已过亿元。泡泡网是第三大中文 IT 专业网站。2005 年营收近 2000 万元，利润 1000 万元。20 倍的市盈率，市场价值 2 亿元。创始人李想一股独大，身价在 1 亿元以上。那一年，李想 24 岁，创业 6 年。

这 6 年是李想艰苦创业的 6 年，他始终坚持一个信条：任何事情，只要你比别人多做 5%，你得到的回报将是别人的 200%。这就是李想定律。

网友黄怠总结的职场成就的一点点与李想定律异曲同工。比别人多想一点点，多做一点点，多准备一点点，多坚持一点点，多流汗一点点，多吃一点苦，多品尝一点寂寞。多付出一点，就多积累一点经验；多付出一点，就能多显露一点才华，多闪现一点美德，离成功就近一点。

每天多做一点点！

$$1.01^{365}=37.8$$

$$0.99^{365}=0.03$$

本章结论：

1. 人生充满不确定，唯有每天不断进步。

2. 每天进步一点点，使每一个今天丰富而又饱满，终将使一生厚重而充实。

3. 一天做件实事，一月做件新事，一年做件大事，一辈子做件有意义的事。

4. 每天进步一点点，假以时日，我们的明天与昨天相比将会有天壤之别。

卓越团队的共同理念之八
简单的事情重复做

智慧的头脑要用在正确的道路上，做一行爱一行，爱一行专一行。

——杨可以

第一节　成功就在于简单的事情重复做

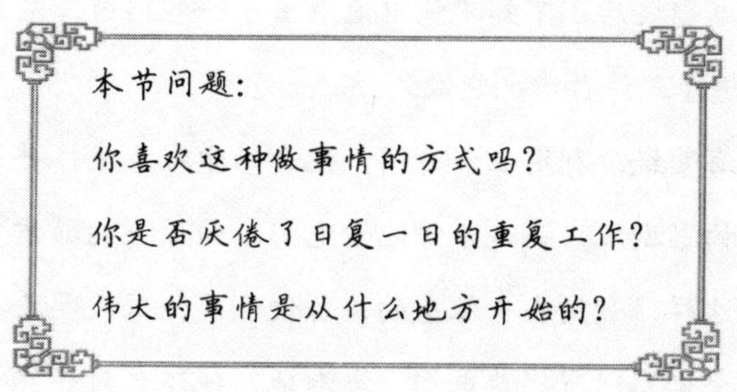
本节问题：

你喜欢这种做事情的方式吗？

你是否厌倦了日复一日的重复工作？

伟大的事情是从什么地方开始的？

“锲而舍之，朽木不折；锲而不舍，金石可镂。”著名思想家荀子用这样一句简短的话说明了简单的事情重复做才能获得成功。然而，简单的事情重复做，需要有超凡的耐心，更要有过人的敏锐，那样才会抓住属于自己的机遇。同样地，在成功的道路上，你如果没有耐心去等待成功的到来，那么，你只好用一生的耐心去面对失败。

网上流传着这样一个故事：

2004 年第 57 届戛纳国际电影节上，评委会主席是个 40 岁的美国人，叫昆汀·塔伦·迪诺，一个从音像出租店走出来的好莱坞鬼才。

1963 年，昆汀出生在美国田纳西州，母亲是个狂热的电影迷，当年有部电影中的男主角名叫昆汀，她就直接给孩子起了这个名字。受母亲影响，小昆汀去得最多的地方就是电影院，耳濡目染，慢慢地也爱上了电影。

他从小有个梦想，长大了拍电影。可是梦想与现实相距太远，由于家境并不宽裕，他根本没有机会接受系统的电影教育。18 岁那年，他高中还没毕业就辍学了，迫于生计，只好出去打工，在曼哈顿的一家音像出租店做伙计。他每天都要整理数不清的录像带，顾客上门，他就帮他们推荐、查找需要的录像带，然后登记出租。

音像店的工作不是太忙，每天总有些空余时间。闲暇之时，昆汀就找出感兴趣的电影，一盘一盘地观看。那时，正是香港电影的春天，港产动作片在世界影坛独树一帜，他对香港动作片情有独钟，还是李小龙、成龙等人的忠实影迷。看过无数电影之后，不知不觉中他看出了一些门道，电影在他眼里不再神秘，他心想，或许自己也能做到。

儿时的电影梦总在他脑海萦绕，利用业余时间，他开始学习表演，并尝试创作电影剧本。他一边构思剧本，一边不停地看电影，由原先的随意观看变为有目标的研究。就这样，利用在音像店的工作便利，他每天要看一至两部电影，几乎看遍了全世界所有经典电影。渐渐地，他不仅对世界各国电影的风格特点、构思技巧烂熟于胸，而且掌握了大量电影知识和拍摄技法，摸清了电影创作的基本规律和套路。俗话说，熟读唐诗 300 首，不会写诗也会吟。他写起剧本从此得心应手。

出乎意料，他的第一部剧本竟被好莱坞导演看中，以 5 万美元的价格被买走。初试牛刀便大获成功，昆汀信心大增，从此便迈进电影大门。

1993 年，昆汀的电影《低俗小说》获得戛纳电影节金棕榈奖和奥斯卡最佳编剧奖，一举奠定了他在好莱坞的大师级地位。2004 年，他又师法香港功夫片，拍出《杀死比尔》系列电影，风靡全球。

一个高中还没毕业的音像店伙计，引发了一场好莱坞地震。而他学习电影的方法和途径，更令那些根正苗红的导演无地自容、瞠目结舌之余，只好把他称作鬼才。有记者问昆汀，你的创作灵感从何而来？他说，我的灵感一半来源于生活，一半来源于看过的电影。

一语道破天机，他的成功之道并不神秘，只有四个字——熟能生巧。

这个故事说明，任何伟大的事业都有一个微不足道的开始，成功并不难，就是把简单的事情重复做，你也可以成功。

有人说简单的事重复做，你就是专家；重复的事你用心做，你就是赢家。只要你能按时到达目的地，很少有人在乎你开的是奔驰还是手扶拖拉机。

对任何人来说，天天做重复的事情是一种挑战。简单的事重复做，在做的过程中要不断地积累经验。我们时常听到有人抱怨工作单调乏味，日复一日的重复工作毫无意义。感觉日复一日重复工作无意义的人，对待工作只是"当一天和尚撞一天钟"，根本毫无工作经验，更谈不上胜任工作了，所以我们一定要克服重复工作的烦躁乏味。

直至获得成功，要求做事要有目的性。这就要给自己订一个近期能够实现的目标。每天进步一点点，无穷接近零点，戒骄戒躁，离成功的日子也就每一天近一点点。要耐得住寂寞，每天重复做一件事情难免有些难耐，其实，在一次次的重复中，也是对自身素质的一种磨炼，自身素质的进步同样可以使你离成功的间隔更近一步。不要墨守成规。不要让自己成为一部机器，你也不是一台移动电脑只懂完成固有的任务。执着地守着不变的规矩，虽说可以取得一定的成效，长此以往甚至会有不错的效果。但是，创新性的重复会使你在同样的结果面前大大地提高你的工作效率，做事情事半功倍才是最有效率的。

在日复一日的重复工作中，你可以不思成功，但你的生活并不会因此而轻松。所以，每个人都应耐心追逐成功。成功就是简单的事情重复做，只有持之以恒地坚持下去，成功就会不期而至。

第二节　熟能生巧

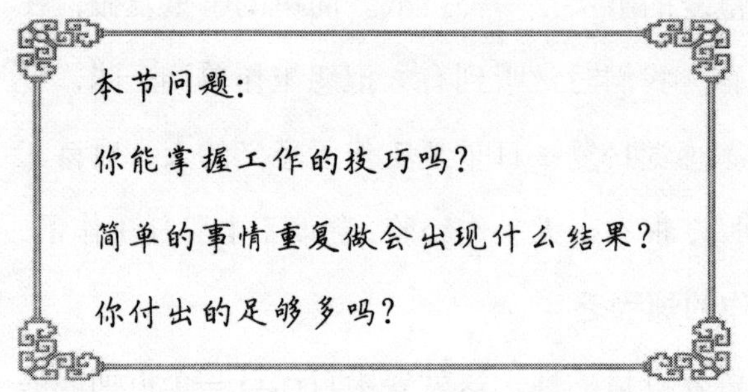

本节问题：

你能掌握工作的技巧吗？

简单的事情重复做会出现什么结果？

你付出的足够多吗？

有人说得好："简单的事情重复做，你就是专家；重复的事情用心做，你就是赢家；只想不做，你只能当梦想家。"任何看似简单的事情，通过不断地练习做到极致，也可以获得非凡的成功。这样的例子有许多，我国古代就有愚公移山、铁杵磨针等传说。下面的这个小故事更能说明熟能生巧的道理。

宋朝有个叫陈康肃的人，射箭技术十分了得，甚至能够射中百步开外的杨树叶，堪称天下第一。陈康肃为此十分自负。

这天，陈康肃又到后花园练箭，引来许多人围观，一位卖油翁也停下观看。

这陈康肃的确名不虚传，箭十有八九都射中了靶心。观众都热烈地欢呼鼓掌，唯独那卖油翁只是淡淡一笑，一副不以为然的模样。

陈康肃看在眼里，十分不悦，便走过来问道："您认为我射箭技术还不够好吗？难道您也懂得射箭？"

卖油翁淡淡笑道："我并不懂射箭。不过我认为这没什么了不起的，只不过练多了，手熟而已。”

陈康肃十分生气：“你怎么可以贬低我的射箭技术？！”

卖油翁说道：“我只是说出我多年来倒油技巧中悟出的道理罢了。我这就表演给你看看吧。”

说完，卖油翁拿了个葫芦放在地上，又将一枚铜钱盖在葫芦嘴上，然后舀了一瓢油高高地往铜钱的小方孔内倒。倒完一瓢油后，拿起铜钱检查，上面竟然一滴油都没沾上。

观众都啧啧称奇，卖油翁说道：“这不过是雕虫小技，只要熟练就能做到。”陈康肃心服口服，客客气气地将卖油翁送走了。

尊重来源于实力，实力是勤学苦练出来的。不管做什么事情，只要勤学苦练掌握规律，就能找出许多窍门，干起来才会得心应手。

一项来自顶级社会学家的最新科研成果给熟能生巧加上了一个大于等于的期限——不论你想在任何一个领域成功，你都必须至少付出 10000 个小时的磨炼。畅销书作家马尔科姆·格拉德维尔在著作中表明，在你选择的领域中若想达到顶级的成就，也许得付出超过十年的时间。

马尔科姆·格拉德维尔在他的新书《异类：成功人士的故事》中说道，无论是最优秀的运动员、企业家、音乐家还是科学家，经调查，你都会发现他们至少都是在付出了长达十年，每天不低于三小时的努力之后才崭露头角的。比如鲍里斯·贝克尔（前世界排名第一职业网球选手）、强尼·威尔金森（英格兰橄榄球联盟顶级球员）、老虎·伍兹（世界顶级高尔夫球手）和威廉姆斯姐妹俩（世界顶级网球选手姐妹花），他们无一例外都从幼时开始练习，为这些项目投入了大量的时间和努力。

格拉德维尔认为10000个小时定律有趣的地方在于它几乎在任何领域都适用，没有任何人——无论是摇滚明星、职业运动员、软件亿万富翁，甚至是天才能逃离这个规律。若你没有投入超过10000小时的练习，是无法成为某一领域的大师的。

这里所说的10000小时是指我们集中精力去做一件事情或者工作的时间，如果精力不集中肯定还要花费更多的时间。仅以10000小时计算，如果每天投入2小时的时间，需要13.7年才能达成；每天投入3小时的时间，需要9.1年达成；每天投入4个小时的时间，需要近7年；每天投入5个小时的时间，需要5.5年；即使是每天投入8个小时的时间，也得需要3.5年的时间。

现实生活中很多人都是一份工作坚持不到一年就跳槽了。尤其是在私企当中，一份工作能够坚持三年以上的寥寥无几。中国的企业家们曾做过这样的总结：待满两年就算老人，待满五年算是牛人，待满十年的，绝对可以被称为仙人。每个人都渴望成功，但是你有没有想过你付出了吗？你坚持了吗？工作还没有完全熟悉你就跳槽了，怎能生巧呢？一份工作根本做不到10000小时，又怎么会成功呢！所以，不要再抱怨日复一日的重复工作很无聊，专心去做，达到熟能生巧的程度，你也就成功了。

在职场当中，怎样才能坚持的时间长一点呢？那些十年不换一次工作的人身上有哪些共同的品质呢？建筑设计人才网职场专家认为他们有以下特点：

1. 洞察事实的能力

当你还在琢磨着哪家公司更高级、薪水更多的时候，他们在一贯的微笑后面正不以为然地想着：天下乌鸦难道不是一般黑吗？这个道理，你最终也会明白，不过是在换过几个工作以后。

2. 驾驭人情世故的能力

他们的上司换过一茬又一茬：有年龄小的，有学历和英文差的，有喜欢指使下属加班到深夜的……兵来将挡，水来土掩，就算相处得不算默契，也能把花色各异的老板们调教到大家相安无事的状态。更多的情况是，这些老板都是做不了多久就走人了。

3. 过人的意志力和忍耐力

工作坚持了多年，有的坐过冷板凳——被“拨弄”到最次要的部门当闲职；有的冷眼旁观过顶头上司贪污腐败；有的眼睁睁看着原来和自己平级的同事爬到自己头上作威作福……时间可以带来公道。还好，在市场导向的企业，这样的公道一般在两三年内自有分晓，因为营利指标比你更没有耐心。

4. 解决问题的办法不同

面对问题，职场老人总是尽最大努力去沟通、去磨合、去解决，而跳蚤们把第一选择让给了骑驴找马。我无意评价孰优孰劣，但从别人身上可以借鉴的是，原来遇到困难，还有另外一种解决方案。

总之，能够坚持多年不跳槽的人，都是能耐得住职场枯燥，能利用对工作的熟悉生出巧办法的人。

第三节 塔尖上的蜗牛

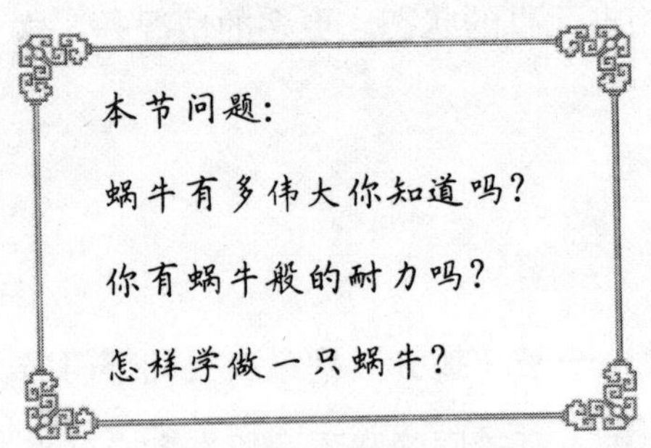

本节问题：

蜗牛有多伟大你知道吗？

你有蜗牛般的耐力吗？

怎样学做一只蜗牛？

一支考古队，到胡夫金字塔考察。他们凭借直升机的力量，用吊绳攀上了金字塔的顶部。不远处，几只雄鹰受了惊吓，落荒而逃。

在人们的意识中，似乎只有雄鹰才能登上巍峨的金字塔。雄鹰有强劲的翅膀，这也不足为奇。但接下来，考古队员发现了一个不可思议的现象，那就是，在胡夫金字塔的顶部，他们居然发现有不少蜗牛的躯壳。究竟这些蜗牛是如何从地面来到海拔 136.5 米，相当于 40 层楼房之高的金字塔顶部的？有人猜测，或许是雄鹰从地面叼上来的美味佳肴，但在每一个躯壳里，蜗牛的身体都毫发无损。这确实很难解释。那么，是黏附在飞机的表面，最终坠落下来的？也不是。因为，按照常理，飞机发动后强大的气流，足以把蜗牛吹得无影无踪。后来，陆续有了更多的发现，那就是，在金字塔的中上部不断发现有蜗牛爬过的痕迹，还有许多黏附在塔体已经干枯掉的蜗牛。原来，这些号称爬行速度最慢的蜗牛，经过无数次的坠落，一个月、两个月，最终，竟是自己从塔基一步一步爬上了这个世界上最伟大的石头建筑，也攀上了自己生命的最高峰。

蜗牛，向来是爬行缓慢、效率低下的反面教材。但正是这种看似懒散懈怠的小虫子，作出了连人类不依靠外力都无法达到的壮举。那一刻，几乎所有的考古队员都有了一种深深的感触与震撼。

蜗牛之所以能够攀上金字塔，就是源于坚持。而且，即使在这坚持中，也只有为数不多的蜗牛能够巧遇阴雨，蕴蓄充足的水分，才能成功登上塔的顶端。再长的路也能走完，再短的路不走也无法到达。在蜗牛的简单思维中，只有前进，没有后退。即使摔得头破血流，也永不退缩。

雄鹰展翅，万里翱翔，风光无限；蜗牛负重，缓慢前行，无人在意。但它们却能创造同样的奇迹。千万年的物竞天择，能有幸在地球上占有一席之地的动物都有其独到之处，不禁启人深思。

很多时候，号称万物之灵并且统治整个地球的人类，倘若单从攀岩的角度和高度来看，其实和蜗牛一样微不足道。自从能够制造工具，人类就具有了超级的思维，并且懂得了迂回与退让。从某种意义而言，这是人的幸运，也是人的不幸。

叫做生活的东西，却往往就是那么残酷。很多时候，我们不得不像蜗牛一样，背负着沉重的行囊。没有雄鹰的天赋，就必须具有蜗牛般的毅力。不要问自己从哪里来，到哪里去，只要拼搏奋斗、永不停息，终究可以留下一丝令自己感动的痕迹。

不能像雄鹰那样振翅高飞，那么，就做一只蜗牛吧。但即使是做一只蜗牛，也要背着沉重的壳，一步一个积累，在生命的长河，留下奋斗的足迹，爬向成功的彼岸。

在职场当中有两种人被人们称作天才：一种是天资聪慧、禀赋极高的人，一种是勤奋刻苦、成绩显赫的人。前者的天才是上帝赐予的，不过把握得不好，

极易失去，方仲永的沉浮生平正是一个典型的范例；而后者的天才由汗水和痛苦铸就，只要一如既往，就会永恒拥有，爱因斯坦的足迹昭示了这个激人奋进的真理。

那种天资聪慧、禀赋极高的人就像是鹰，那种勤奋刻苦、成绩显著的人就像是蜗牛。蜗牛能够爬上金字塔，因为老老实实、勤勤恳恳，喜欢简单的事情重复做，所以成就斐然。与那些天资聪慧、禀赋极高的成功者相比，“蜗牛”更值得让人敬佩。因为，虽然事业的高度一致，但“蜗牛”的起点与“鹰”有一段惊人的差距；虽然最终的效果相同，但“蜗牛”的爬行比“鹰”的飞行要艰难得多。

生活当中，每个人都希望自己是那登上金字塔的雄鹰，但是世上没有那么多的幸运者，天资聪慧、冰雪聪明的人实在是少之又少。再说，即使天资聪慧，后天不努力，也避免不了“方仲永”的悲剧。然而，有的人生来不是鹰，却又不愿做蜗牛，把青春和生命白白地消融在叹息和埋怨里，最终只落得鸡的可怜下场。蜗牛其实也希望自己是鹰，只是当现实告诉它那是不可能的之后，它就明智地选择了“蜗牛式”的奋斗方式。

新东方的俞洪敏先生曾诙谐地说：“蜗牛比鹰更富有，它的坎坷经历就是一大笔财富。而且，蜗牛可以写回忆录，鼓励一代又一代的蜗牛。”是的，我们再无须抱怨自己就像是一个背着重重包袱的蜗牛了，如果你能够像蜗牛一样，一刻不停地爬着，永不放弃，就会成功。

我们要学做一只蜗牛，要一步一步往上爬，傻傻地重复着同一个动作，虽然有时候会让人瞧不起，但总有一天会得到属于自己的一片天地。蜗牛不怕嘲笑，不为自己的渺小而感到卑微，还不断提高自己的目标，它的这种不屈不挠的精神和不畏严寒郁闷的心态都是值得我们学习的地方。

让我们做一只蜗牛，为自己的梦想，简单的事情重复做，坚定自己的信念，冷静地、耐心地一步步往前爬，每爬一步就前进一步，每爬一步就离目标更进一步。

本章结论：

1. 成功就是简单的事情重复着做。

2. 在学习和成长过程中重复的力量大于其他一切力量。

3. 一个人如果不够专业就是重复的次数还不够。

4. 慢工出细活，重复出卓越。

卓越团队的共同理念之九
勇敢一点，再勇敢一点

我们都是在不断的自我否定中，不断地自我超越。

——杨可以

第一节　站起来

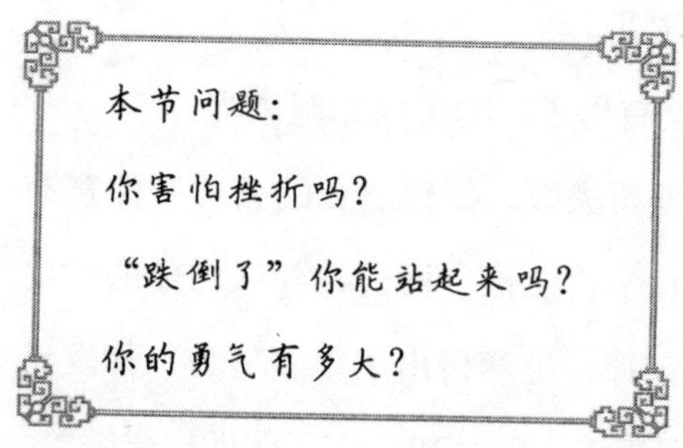

本节问题：

你害怕挫折吗？

“跌倒了”你能站起来吗？

你的勇气有多大？

站起来是个很简单的动作，有时候它需要很大的勇气。每个人的一生都要经历一些或大或小的挫折。有的人在挫折中成长，而有的人却会因为一次小小的挫折一蹶不振。失败并不可怕，可怕的是没有再次站起来的勇气。古语说“天将降大任于斯人也，必先苦其心志，劳其筋骨”，不经历风雨怎能见彩虹？当你遇到挫折的时候，不妨对自己说：这或许是上天对我的考验，只要站起来，没什么坎是过不去的；只要站起来，我就是胜利者。

一位父亲很为他的孩子苦恼，因为他的儿子已经十五六岁了，可是一点男子气概都没有。于是，父亲去拜访一位禅师，请他训练自己的孩子。

禅师说：“你把孩子留在我这边，3 个月以后，我一定可以把他训练成真正的男人。不过，这 3 个月里面，你不可以来看他。”父亲同意了。

3 个月后，父亲来接孩子。禅师安排孩子和一个空手道教练进行一场比赛，以展示这 3 个月的训练成果。

教练一出手，孩子便应声倒地。他站起来继续迎接挑战，但马上又被打倒，他就又站起来……就这样来来回回一共 16 次。

禅师问父亲：“你觉得你孩子的表现够不够男子气概？”

父亲说：“我简直羞愧死了！想不到我送他来这里受训 3 个月，看到的结果是他这么不经打，被人一打就倒。”

禅师说：“我很遗憾你只看到表面的胜负。你有没有看到你儿子那种倒下去立刻又站起来的勇气和毅力呢？这才是真正的男子气概啊！”

只要站起来比倒下去多一次就是成功。

人生难免会跌倒，跌倒了你是否会有男子汉的勇气站起来呢？

现代生活中，每个人都可能遭遇挫折失败，如你所在的公司突然宣布要裁员，而你就在被裁掉的一列；每日辛苦工作，而公司却认为你的付出一钱不值，做出的业绩也被一下子否定掉；虽然付出了很多努力，却发现怎么也不能把你的工作做得很好；换了很多岗位，却一直不能做出成绩等。面对挫折，要有一定的承受能力，痛苦、怨恨、自卑，失去希望和信心只能让事情变得更糟糕，不仅影响自己的工作、生活，还严重影响人的健康，而你同时也给身边的人以负面影响。所以，一旦倒下就要像故事中的男孩那样勇敢地再次站起来。

那么失败后，怎样才能勇敢地站起来呢？

首先，要学会倾诉。把自己的失意和郁闷向值得信赖的人倾诉一下，会向外转化内心的痛处。实践证明，倾诉是一种健康防卫方法，既无副作用，效果也较好。如果你所选择的倾诉对象具有较高的学识、修养和实践经验，他将会给你带来适当的抚慰，并鼓励你重新树立奋进的勇气，引导你朝正确的方向前进。所以，当你受挫后，如果可以向一位有学识和修养的亲人或者好友倾

诉一番，你千万不要吝啬。

其次，要看到自己的优势，和不如自己的人比一下，你能够重拾自信。一次失败后，有的人就认为自己是这个世界上最倒霉的人了。如果这时冷静地看一下周围的人，你就会发现其实还有很多人的状况比自己还要惨。你会发现在职场上比自己受挫更大、困难更多、处境更差的人真是到处都是。通过与他人所处困境的比较，让自己的情绪慢慢平静下来，心平气和地去寻找解决问题的方法。找到自己的优势点，强化优势感，从而扩张挫折承受力，这是事物相互转化的辩证法。挫折同样蕴含力量，处理得好即可激发你的潜力。

再次，要自我反省，吸取经验教训。已经发生的事情谁也改变不了，最重要的是要正确地看待这件事情，认真分析、审视自己，多找找主观原因，吸取这次失败的经验教训，以便于亡羊补牢。

最后，设定可行的工作计划。经历了一次挫折，原来的工作计划肯定受到了影响，这时候要赶紧从失败的阴影中走出来，反思一下原来的工作目标或者方法是否真的适合自己，是否按照你的规划、意愿在进行。职场中跟着感觉走的人也不少见，他们没有明确的工作计划，不知道自己究竟该做什么，就是走一步算一步，信奉“船到桥头自然直”。因此，这类人不仅容易遭遇挫折，遇到挫折后也会更加迷茫，更加没有方向，抵抗挫折的能力也就更差。

遭遇挫折后重新审视自己的职业目标是否合适非常重要。如果大方向没错，那就考虑你的方法或阶段的目标是否合适。目标的确立，需要分析、思考，这是一个将消极心理转向理智思索的过程。目标一旦确立，犹如心中点亮了一盏明灯，人就会生出调节和支配自己新行动的信念和意志力，从而排除挫折和干扰，向着目标努力。新的职业目标的确立标志着你已经从心理上走出了挫折，开始了下一阶段的生涯历程。

最为重要的是，不管上一次挫折的结果怎样，我们都要调整心态，放松心情，放下包袱，轻装上阵，无论得失都能坦然面对，如此一来反倒容易从失败的阴影里走出来。其实，失败里深藏着求生的意愿、成功的契机和超然的心绪。只要我们学会正确对待挫折失败，就能在以后的工作中少走弯路、少犯错误，就能取得更大的成功。

第二节　不达目的不罢休

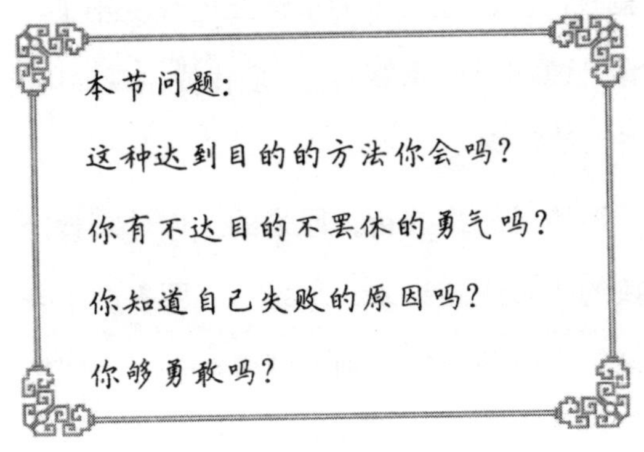

本节问题：

这种达到目的的方法你会吗？

你有不达目的不罢休的勇气吗？

你知道自己失败的原因吗？

你够勇敢吗？

职场当中无论是聪明者的失败，还是平庸者的成功，都会让人惊叹不已。通过分析发现，无论是聪明的成功者，还是平庸的成功者都有一种专注的精神，有一种在任何情况下都不放弃目标的韧性，有一种从不受任何诱惑、不偏离自己既定目标的能力。也就是说不达目的不罢休是成功者的共性。

耐基克里蒙·史东是美国“联合保险公司”的董事长，美国最大的商业巨子之一，被称为“保险业怪才”。

史东幼年丧父，靠母亲替人缝衣服维持生活，为补贴家用，他很小就出去贩卖报纸了。有一次他走进一家饭馆叫卖报纸，被赶了出来。他趁餐馆老板不备，又溜了进去卖报。气恼的餐馆老板一脚把他踢了出去，可是史东只是揉了揉屁股，手里拿着更多的报纸，又一次溜进餐馆。那些客人见到他这种勇气，终于劝老板不要再撵他，并纷纷买他的报纸看。史东的屁股被踢痛了，但他的口袋里却装满了钱。

勇敢地面对困难，不达目的绝不罢休——史东就是这样的孩子，他长大后也是这种人。正是耐基克里蒙·史东的这种勇敢、不达目的不罢休的精神，成就了他的一生。

在现实生活中，有很多资质平平的人，但是他们因为不怕困难，执着于某一件事情而取得了最后的成功。相反地，那些聪明伶俐的人常常因为难以精神集中，没有明确的工作目标，四处出击，精力分散而不能成功。

不达目的不罢休不但是一种集中精力、全神贯注、专心致志的精神，更是一种境界。集中精力做好一件事，长时间地全力以赴，一心一意地坚持不懈，绝不放弃自己的目标，就是这种精神和境界的反映。

一个勇敢不怕困难的人，往往能够把自己的时间、精力和智慧都放在要做的事情上面，从而最大限度地发挥积极性、主动性和创造性，实现自己的目标。特别是在遇到诱惑、遭受挫折的时候，他们能够不为所动、勇往直前，直到达成自己的目标。与此相反，一个人如果心浮气躁、朝三暮四、好高骛远，害怕工作中遇到困难，就不可能集中自己的时间、精力和智慧，最后干什么事情都只能是虎头蛇尾、半途而废。

很多工作本身并不难做，也不是人们不会做。但为什么许多人就是做不好？就是因为他们不够勇敢。只有勇敢才能专注，才能不达目的不罢休。大家只有播下专注的种子，才能收获成功的喜悦。勇敢是一种巨大的潜在内驱力，即使你是一个很平凡的人，但只要你毅力顽强，有一种在任何情况下都坚如磐石的决心，只要你拥有一种不因诱惑而偏离自己既定目标的能力，一颗目标明确、不屈不挠、坚持到底、不达目的绝不罢休的恒心，你就一定会取得成功。每一个人的时间、能力和精力都是很有限的，你不可能在每个方面都取得成功，在这个世界上再也没有比把自己宝贵的精力浪费在更多事情上更糟糕的事了。

不达目的不罢休就是将时间、精力和资源投入到自己已经锁定的目标上面，全神贯注、刻苦钻研，只为做好一件事情；不达目的不罢休就是集中精力、专心致志，不受任何内心欲望和外界诱惑的困扰，不离不弃于既定的方向且执着如一。

在这个世界上没有哪个人能够随随便便成功，大师们令人瞩目的成就全是得益于不怕困难、不达目的不罢休的精神。

语言大师侯宝林只上过三年小学，由于勤奋好学，他的艺术水平达到炉火纯青的程度，成为著名的语言专家。

有一次，他为了买到自己想买的一部明代笑话书《谑浪》，跑遍北京所有的旧书摊也未如愿。后来，他得知北京图书馆有这本书。时值冬日，他顶着狂风，冒着大雪，一连18天都跑到图书馆去抄书，一部10万字的书，终于被他抄录到手。侯宝林正是凭着“不达目的不罢休”的坚强毅力，才成为一代相声艺术宗师的。

无独有偶，曾任美国总统的林肯生下来家里就一贫如洗，终其一生都在面对挫败，八次竞选八次落败，两次经商失败，甚至还精神崩溃过一次。林肯在竞选参议员落败后这样说，此路艰辛而泥泞，我一只脚滑了一下，另一只脚也因而站不稳；但我缓口气，告诉自己，这不过是滑一跤，并不是死去而爬不起来。好多次，他本可以放弃，但他并没有，也正因为他没有放弃，才成为美国历史上最伟大的总统之一。

成功并不是一件容易的事情，它可能需要几年、十几年甚至几十年坚持不懈的努力。我们从那些杰出的成功者身上可以找到他们的共性，他们都是不怕困难、辛苦耕耘的人，他们都是努力把工作做得尽善尽美的人，他们都是“咬定青山不放松，不达目的誓不休”的人。

你想成功吗？你找到成功的方法了吗？让我们勇敢一点，不达目的不罢休吧！

第三节　从哪里跌倒，从哪里爬起来

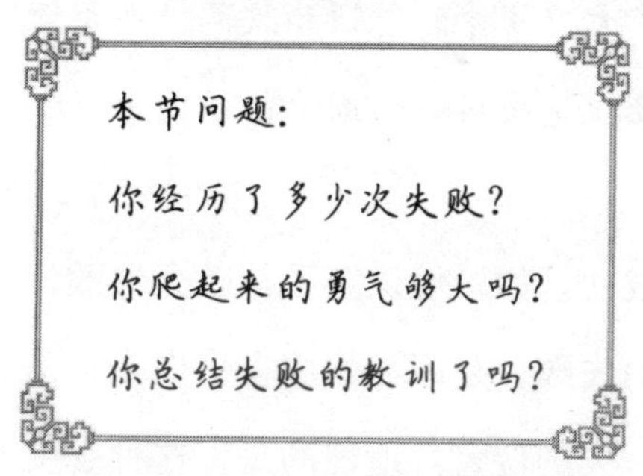
本节问题：

你经历了多少次失败？

你爬起来的勇气够大吗？

你总结失败的教训了吗？

很多人在取得成功之前，都经历了无数次的失败。任何希望成功的人必须有永不言败的勇气，并找到战胜失败、继续前进的秘诀。我们深信：成功会在一次次地站起来的时候悄然而至，然而从哪里跌倒从哪里爬起来却需要更大的勇气。

艾柯卡曾任职世界汽车行业的领头羊——福特公司。由于其卓越的经营才能，他的地位节节高升，直至做到福特公司的总裁。

然而，就在他的事业如日中天的时候，福特公司的老板——福特二世却出人意料地解除了艾柯卡的职务，原因很简单，因为艾柯卡在福特公司的声望和地位已经超越了福特二世，所以他担心自己的公司有朝一日会改姓为“艾柯卡”。

此时的艾柯卡可谓步入了人生的低谷，他坐在不足十平方米的小办公室里思绪良久，终于毅然而果断地下定决心：离开福特公司。

在离开福特公司之后，有很多家世界著名企业的头目都曾拜访过他，希望他能重新出山，但都被艾柯卡婉言谢绝了。因为他心中有了一个目标，那就是：“从哪里跌倒的，就要从哪里爬起来！”

他最终选择了美国第三大汽车公司——克莱斯勒公司，这不仅因为克莱斯勒公司的老板曾经“三顾茅庐”，更重要的原因是此时的克莱斯勒已是千疮百孔，濒临倒闭。他要向福特二世和所有人证明：我艾柯卡不是一个失败者！

入主克莱斯勒之后的艾柯卡，进行了大刀阔斧的整顿和改革，终于带领克莱斯勒走出了破产的边缘。艾柯卡拯救克莱斯勒的例子已经成为一个著名的商业案例。

一个人如何对待失败决定了他是否成功。如果他认定了自己会失败，那他就会永远地失败。有些人之所以害怕失败，是因为他们害怕失去自信心，其结果是他们试图将自己置于万无一失的位置。遗憾的是，这种态度也把他们困在一个不可能做出什么杰出成就的位置。

还有的人惧怕失败，是因为他们害怕失去第二次机会。在他们看来，万一失败了，就再也得不到第二个争取成功的机会了。其实，失败是很平常的一件事，正如美国汽车大王、汽车工程师与企业家、世界最大的汽车企业之一福特汽车公司的建立者亨利·福特说：“失败不过是一个更明智的重新开始的机会。”

福特本人曾经历过失败。他在汽车工业界曾两次以破产失败而告终，但第三次他成功了。福特汽车公司至今仍然充满活力，仍是世界上最大的汽车生产厂家之一。

还有一个从哪里跌倒从哪里爬起来的故事。一位年轻人梦想进入美国西点军校，毕业后服务于国家。他两次报考均未被录取，第三次报考时终于如愿以偿。这个年轻人就是道格拉斯·麦克阿瑟。后来他成为美国最高级将领之一，在第二次世界大战期间担任太平洋战区盟军总司令。就像亨利·福特所说的一样，他从来没有放弃。没有人一生从不失败。这话听起来实在太简单，却是至理名言。

大凡有成就者都能够从哪里跌倒从哪里爬起，然而，职场中有些人一旦遭遇挫折就选择逃避，以为眼不见心不烦就可以了事。还有一些人面对失败抬不起头来，永远的自责、难过，使自己的精神状态越来越不好，越这样就越不能从失败中自拔，所以总也走不出困境。

实际上，无论是在职场还是在工作中遇到挫折是常有的事情，就算我们躲避得了眼前的挫折和压力，未来一样会有不同的压力以不同形式向我们袭来，难道我们能够躲避一辈子吗？所以，我们要从哪里跌倒就从哪里爬起来，勇于面对挫折与失败，这样才能使我们不断前进，不断获得成功。

失败、跌倒真的不要紧，关键是你要知道为什么会跌倒，在爬起来的过程中有所收获。在出了什么事的时候，不要总习惯于在自身之外寻找原因。大家都有对别人好，而别人没有领情或反而被埋怨、被占便宜的经历。在埋怨别人之前，要从自身找原因，看看是不是自己给了别人误会，为什么他不占别人便宜，占你便宜。

坦然接受失败与挫折，不要成为输不起的人。失败了不要把责任推到别人身上，更不能将自己的怨气撒在别人身上。以平常心面对你的不如意，这样别人会更加尊重你。

不要念念不忘。从身心健康角度来说，将精力放在未来比放在过去要更有益处。当然，总结自己这次的失利，可以在日后做得更好。但是主动面对错误和咬住不放之间还是有一条警戒线的。执着于过去你就无法重新开始，爬起来也就无从谈起。

本章结论：

1. 个人勇敢称英雄，团队勇敢成舰队。
2. 勇敢是出人头地、光宗耀祖的不二法则。
3. 勇敢就是敢于出丑、敢于主动、敢于打破常规。
4. 勇敢的人不害怕，害怕的人不勇敢，勇敢者成功，害怕者失败！
5. 每个时代都是勇敢者的游戏，勇敢者的天下。

卓越团队的共同理念之十

用心一点，用心一点，再用心一点

即使本来有一百的力量足以成事，但我要储足二百的力量去攻，而不是随便去赌一赌。

——杨可以

第一节　成功没有想象的难

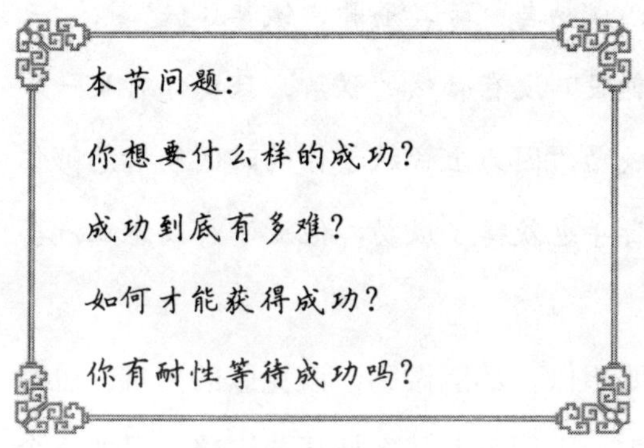

本节问题：

你想要什么样的成功？

成功到底有多难？

如何才能获得成功？

你有耐性等待成功吗？

成功并不像你想象的那么难，并不是因为事情难我们不敢做，而是因为我们不敢做事情才会变得困难。

1965 年，一位韩国学生到剑桥大学主修心理学。在喝下午茶的时候，他常到学校的咖啡厅或茶座听一些成功人士聊天。这些成功人士包括诺贝尔奖获得者、某些领域的学术权威和一些创造了经济神话的人，这些人幽默风趣、举重若轻，把自己的成功都看得非常自然和顺理成章。时间长了，他发现，在国内时，他被一些成功人士欺骗了。那些人为了让正在创业的人知难而退，普遍把自己的创业艰辛夸大了，也就是说，他们在用自己的成功经历吓唬那些还没有取得成功的人。

作为心理系的学生，他认为很有必要对韩国成功人士的心态加以研究。1970 年，他把《成功并不像你想象的那么难》作为毕业论文，提交给现代经济心理学的创始人威尔·布雷登教授。布雷登教授读后，大为惊喜，他认为这是个新发现，这种现象虽然在东方甚至在世界各地普遍存在，但此前还没有一个人大胆地提出来并加以研究。惊喜之余，他写信给他的剑桥校友——当时正坐在韩国政坛第一把交椅上的人——朴正熙。他在信中说：“我不敢说这部著作对你有多大的帮助，但我敢肯定它比你的任何一个政令都能令你产生震动。”

后来这本书果然伴随着韩国的经济起飞了。这本书鼓舞了许多人，因为他们从一个新的角度告诉人们，成功与“劳其筋骨，饿其体肤”、“三更灯火五更鸡”、“头悬梁，锥刺股”没有必然的联系。只要你对某一事业感兴趣，长久地坚持下去就会成功，因为上帝赋予你的时间和智慧够你圆满做完一件事情。后来，这位青年也获得了成功，他成了韩国泛业汽车公司的总裁。

其实生活中有很多事情，只要想做，都能做到，该克服的困难，也都能克服，用不着什么钢铁般的意志，更用不着什么技巧或谋略。只要一个人还在朴实而饶有兴趣地生活着，他终究会发现，造物主对世事的安排，永远是水到渠成的。

职场当中每个人都想成功，成功并不难，首先要弄清楚自己想要什么样的成功，是上班成功，还是创业成功？对此，李嘉诚先生曾说：“当年，我用一分钟的时间算了一下上班的结果，于是我离开了。很多人用一生的时间去试了一下，他们发现我算的是对的。上班很简单，就是生活很困难。创业很困难，就是生活比较简单。很多人有体面的工作，并没过上体面的生活，创业不体面，生活很体面。”可见，同样是成功，上班成功和创业成功有很大的不同。所以，要想成功，首先要定义一个属于自己的成功。

在职场当中，尤其是一些职场新人都强烈

渴望，但是对什么是成功、如何获得成功却知之甚少，所以，虽然专业知识丰富，但是工作成绩一般。一般说来成功包括三个层次：掌握必要的生存技能，能够使自己和家人在有生之年有尊严地活着；通过自己的工作，对社会（或者至少对身边的人）有所帮助和贡献；成为自己内心世界的主人，享受心灵的宁静和快乐，同时有能力、有资本，去除恶扬善、激浊扬清。而不管哪个层次的成功的实现方法都大同小异，比如，发现并利用自己的天赋；专注于自己选定的某个领域，持久地投入大量的时间和精力；寻找和把握每一个看上去不起眼的机遇等。其实，想成功并不难，难就难在你不知道自己想要什么样的成功。

明确了自己想要的成功样式以后，还要有等待成功的耐性。在 GE 中国首席教育官白思杰看来："中国本土人才非常聪明，非常勤奋，追求上进，特别希望能够得到好的位置，但某些人太急于渴望成功了，好像最好是工作第二天就能够成为 CFO、CEO。"在这种浮躁的心理状态下，一个人很难发现自己的弱点和不足。一个不善于发现和反思自己弱点与不足的人，根本就不会从别人的角度去思考问题。而职业成功需要尽量避免以自我为中心，需要首先学会理解别人。因此，他特别提示："希望在很短的时间里能够迅速成才的想法是不正确的，就像学习化学一样，不仅要学习和掌握基本的公式，同时还得做很多精深的实验，职业经理人的成长也是如此，必须在实践中不断磨炼。"

成功并不难，只要你能够用心去体会，用心去等待……

第二节　多用心一点

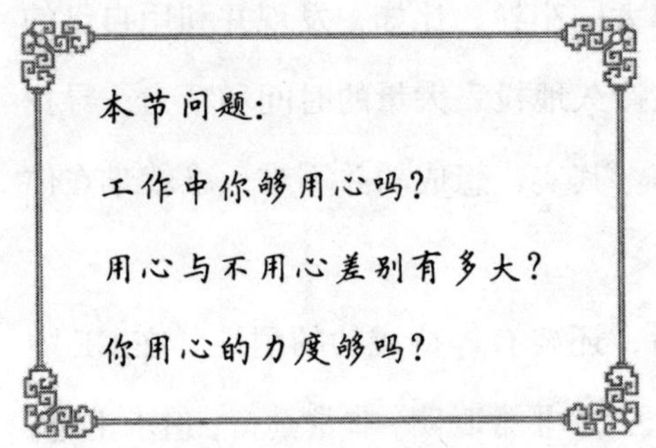
本节问题：

工作中你够用心吗？

用心与不用心差别有多大？

你用心的力度够吗？

在职场当中要想达到满意的职位和成功，并不需要像劳动模范那样辛苦和努力，只要你比别人多努力一点，多用心一点点就可以了。

10多年前，一位电子专业的大学生，在福州的一家商场里做导购员，与其他销售员不同的是，他除了做得和大家一样好以外，还留心观察商场里销售电器的渠道、付款方式、货运和客服等流程。

两年后，小伙子怀揣自己挣来的500元辛苦钱，来到北京，在一个大商场旁边的胡同里，开了一家小小的电器销售门店。他给自己的店起了一个现在如雷贯耳、当时看来土得掉渣的名字——国美电器铺。这个人，就是后来坐拥百亿资产的黄光裕，虽然现在锒铛入狱，但这遮不住当年他创业的故事和努力的光环。

当时的家电刚刚市场化，货品还比较稀缺，而且，基本上商店是不管送货和售后维护的，满大街都能找到骑着三轮车自己来拉家电的人们。黄光裕在想办法搞定进货渠道的情况下，还长期租了一辆面包车，风里来雨里去的，为每一个光顾他们店的客人把货送上门，调试好以后再走。后来，很多来商场购物的人们，都知道旁边胡同里有一个卖家电的小伙子，态度好，服务好，很讲诚信。于是，顾客基本上都是到商场问了价格，来了黄光裕的国美电器，价格都不问，过来就付钱。以至于黄光裕偷偷计算过，他每年80平方米小店的家电销售额，已经远远超过了旁边大商场。就这样，黄光裕愣是在巨人的眼皮底下，抢走了生意，并积累了人生的第一桶金，为他后来的国美帝国生涯打下了坚实的基础，树立了良好的口碑。

对于大多数的普通人来讲，对于大多数的普通工作者来讲，很多时候，不是谁比谁精明，而是谁比谁早走了一步，谁比谁更用心一点，谁比谁提前进行了思考，谁比谁提前进行了准备。其实，很多时候，无论打工，还是创业，真的不需要你多付出多少辛劳，只要你比常人多用心一点就行。

成功，往往取决于你比别人勤奋一点点，用心一点点。

各行各业的人，想要取得成功，用心就是最好的师傅。

一次，章子怡拍戏时，为了拍摄她站在雪地里等男朋友的情景，眼睫毛上面需要有非常小的雪粒。这个镜头非常难拍。人的呼吸是有温度的，所以眼睫毛上的雪粒不容易凝结，结果怎么拍都拍不好。后来导演就决定放弃这个近距离的特写镜头，但是章子怡死活都不肯。

为了拍好这个镜头，章子怡屏住自己的呼吸，慢慢地等睫毛上的雪凝结。终于她的眼睫毛上面有一排一排的雪粒了，镜头也顺利地拍完了，导演非常高兴。当所有人都收工的时候，章子怡却站在那里没动，因为她的两只脚在雪地里站得太久已经僵住了。

全国劳模李素丽讲过这样一句话：“认真做事只是把事情做对，用心做事才能把事情做好。”章子怡走红不是因为她的侥幸或机遇，而是因为她在用心拍戏。

在工作中，用点“心”你就会与别人不一样，用点“心”你就会做得更好，用点“心”你就会赢……不用心就不可能得到应有的回报。当你的主管安排一项工作时，你不用心去做，就不能高质量地完成工作任务，就不可能让你个人得到质的提升。所以说不用心去做工作，就不可能做好工作，工作做不好，就有可能丢了工作。一个人不工作，生活还有什么意义呢？所以说无论是做何事，不管学习还是生活，都需要用心去对待，就是说人生中做任何事都是需要用心去做的，你不用心去做，同样得不到真诚的回报。

无论你从事什么样的工作，用心思考，并付诸行动，是成功收效最快的方式。正是这种看似平常，但很多人却无法做到的事实，反映了用心与不用心的巨大差距。

我们也经常会听到一个干事总是不完美的人，抱怨自己为什么总是吃力不讨好，或者什么事都是差一口气，其实区别在于做事是否更加用心。

有时候，我们总认为自己尽心尽力了，但是为什么总是得不到认同？为什么得不到自己想要的呢？其实，有时候我们是自认为自己用心了，并没有从其他角度看待这个问题，最重要的是我们虽然用心了，可关键是“用心”的力度不够，比如我们认为是用了百分之九十的力气，但是还有百分之十没用啊，如果我们认为自己百分百用心了，但是对手比我们更加用心呢？假如我们每次比别人多付出一点，多用心一点，那么结果又会如何呢？

工作中平时多用心一点点，多积累一点点，你就会比别人多一点点资本，遇到事情的时候就能够解决得顺利一点。所以，让我们用心去工作，用心去领悟，让生活变得更加充实。

第三节　用心是成功的一个必要条件

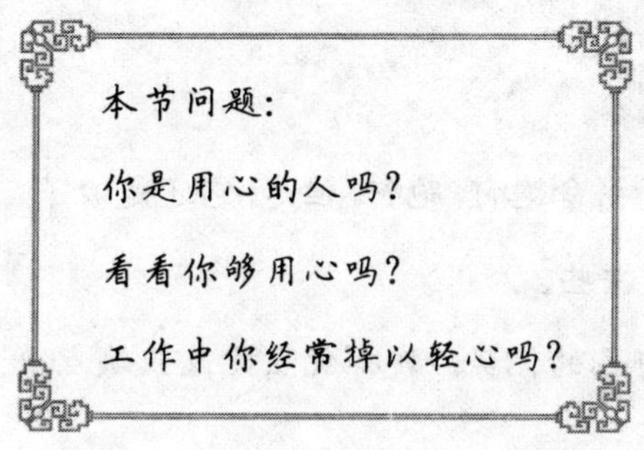
本节问题：

你是用心的人吗？

看看你够用心吗？

工作中你经常掉以轻心吗？

人生如打牌，用心才能够打好。有时候我们觉得自己的牌好，肯定能赢，然而结果往往出乎意料。相反，有的人牌不是很好，然而打得很用心，往往能够取得胜利。所以，无论我们所占有的资源怎样，我们都要用心去经营。

在职场当中，无论你具有多么优越的条件，你都不能掉以轻心，否则就会产生乌龟比兔子跑得快的后果。

某天，兔子和乌龟一起讨论到底谁跑得快，结果谁都不服输。于是，它们决定赛跑。

第一次，它们是在公路上比赛。结果兔子输了，为什么？因为兔子睡觉去了，乌龟先到达终点。

这说明了，勤奋比天资重要，想成功必须要非常勤奋。

兔子不认输，它又去找乌龟比赛。

第二次，它们是在操场上比赛。但是一开始，兔子就输了。为什么？因为兔子朝相反的方向跑去了。

这说明了，方向比努力重要，方向不对，努力白费。想成功必须要先选对方向。

兔子还是不认输，它又去找乌龟比赛。

第三次，它们是在草地上比赛。跑着，跑着，兔子不见了，乌龟赢了。为什么？因为兔子掉到泥潭里去了。

这说明了，想成功必须要善于发现陷阱和避开陷阱。天上不一定掉馅饼，但地上常常有陷阱。

兔子还是不认输，它又去找乌龟比赛。

第四次，它们是在山坡上比赛。兔子拼命跑啊，跑啊，但是，它还是输了。为什么？因为乌龟是滚下山的，当然更快些。

这说明了，想成功必须善于利用自己的优势。发挥优点比改正缺点更容易成功。

兔子还是不认输，它又去找乌龟比赛。

第五次，它们是在高速公路上比赛。兔子拼命地跑，不停地跑，还是输了。为什么？因为乌龟在路边一招手，打的去了。

这说明了，要成功必须善于整合资源。

兔子还是不认输，它又去找乌龟比赛。

第六次，它们又回到操场上比赛。这回兔子跑得飞快，就快到终点了，突然，兔子看到前面挂着一条横幅：谁是第一名，谁是龟儿子。兔子生气得不得了，不跑了。

这说明了，要成功得学会控制情绪，小不忍则乱大谋。

兔子还是不认输，它又去找乌龟比赛。

第七次，它们还是在操场上比赛。兔子跑着跑着，快到终点了，突然感觉尾巴被什么东西咬了一下，兔子尾巴一甩，竟将乌龟甩到前面来了。原来乌龟一直咬着兔子的尾巴奔跑，快到终点时，用力咬了兔子一口。

这说明了，要成功必须善于利用竞争对手的力量。成功需要朋友，更大的成功需要敌人。

有人总抱怨自己的条件差，优势不强，所以难以成功。其实成功并不一定需要多么好的外部条件和先天条件，只要你肯用心去做，善于想办法，即使你比其他人的条件差，成功也一定会属于你。

刚步入社会的时候，每个人都有一个美好的愿望，有人希望当一名教师，有人希望做一名医生，有人希望能做一名出色的销售员……以为只有实现了自己的梦想，才能获得一生的幸福。然而往往事与愿违，你并不一定能踏入你所希望的行业。当你积极发出求职简历，却没一个有回音，主动上门找人事主管，向他们推荐自己，但收效甚微的时候，或许你不得不改变自己的初衷。因为没有工作，就没有经济来源，生活也会陷入困境。遇到这样的时刻，有些人就会感到非常失落，以为自己的梦想是不可能实现了，甚至怀疑自己的能力。

实际上三百六十行，行行出状元，成功不一定要在一棵树上吊死。

布里格姆大学毕业后要在剑桥市找一份教师工作，但是屡屡碰壁，当他把目标降低一些打算找份小学教师的工作时仍然不能如意。在走投无路的时候他看到剑桥市政府要招一批清洁工，任务是打扫大街，保持城市的清洁，给游客留下好印象。

他犹豫了很久，最终还是报名了。要知道，清洁工离教师这一职业有多遥远，那并不是他的梦想所在啊！

这次很顺利，他被录用了。起初他不太适应，觉得这个工作不符合自己的身份，可为了生活，他别无选择。

没过多久，他就喜欢上了自己所从事的职业，他不再觉得这个职业卑微了，反而觉得很光荣。能为剑桥这个美丽的城市奉献自己的辛劳，他认为很荣耀。

工作之余，他常常听街边的一些老人闲聊，聊这座城市的历史以及许多闻所未闻的秘闻。剑桥市是一座古老的城市，学术气息十分浓厚，历史名人众多，但随着历史的沉积，许多东西已经很少有人知道了，而这些正是游客迫切想知道的。耳濡目染，他对剑桥的了解越来越多了。

一次偶然的机会，有几个游客向他问路，他不仅给游客指引了道路，还讲解了这条路的由来和历史渊源。没想到他的介绍把游客迷住了，他们让他当导游，让他带着去看剑桥的经典文化景点。由于他口才不错，又有文化基础，所以讲解起来绘声绘色，给人留下了深刻的印象。以致后来许多来剑桥旅游的人，都点名让他当导游。

而他不负众望，每次都能让游客满意而归。他对剑桥的热爱和理解，对文化精髓的吸收和运用，使他名气大增，备受尊重，尽管他的身份还是一名清洁工。

2009 年年末，布里格姆获得了“蓝章导游”的资格，这是这座城市授予最优秀导游的荣誉，同时，他还成为民俗博物馆主席。为了表彰他“对剑桥市及其历史、建筑和人民充满坦率的热爱和感情”，剑桥大学授予他荣誉文学硕士的殊荣。获得这项殊荣的只有两个人，另一位是微软创办人比尔·盖茨。

布里格姆用行动告诉我们，只有用心才能成功。人生有很多种形式的成功，成功的人也许不聪明，但一定是用心的人。细心发掘需要，用心锤炼细节，耐心等待机会，真心铸就成功。

本章结论：

1. 努力是生存的本分，疯狂则与众不同，拼命才是赢的关键。

2. 用心用到极限时，一切不利局势都将改变。

3. 心用在哪里，时间就在哪里，心在哪里，结果就在哪里。

4. 念由意变，意随心转，心意相通，万事皆可达。

卓越团队的共同理念之十一
只要相信足够深，一切皆能变成真

只要你相信，你愿意为你认为对的事情去付出，你终必成功。

——杨可以

第一节　永远的坐票

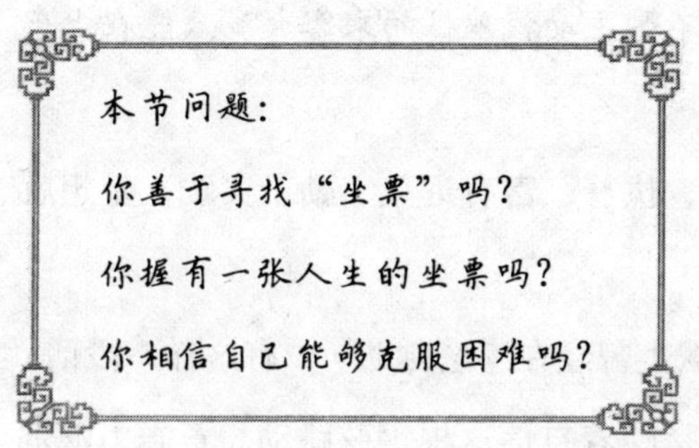

很多时候事情往往不像我们看到的那样，有时候看是不可能的事情，只要你相信可以，然后努力去做，你的所想就能够成真。

阿基米德说过：“给我一个支点，我就能撬动地球”，这句话给我们的感觉很夸张，很多人认为不可能实现，而实际上它是可以用杠杆理论论证的。只要支点够有力，力臂足够长，就一定能够撬动地球。所以，没有做不到的事情，只有你的信念不够强。

有一个人经常出差，经常买不到对号入座的车票。可是无论长途短途，无论车上多挤，他总能找到座位。他的办法其实很简单，就是耐心地一节车厢一节车厢找过去。这个办法听上去似乎并不高明，但却很管用。每次，他都做好了从第一节车厢走到最后一节车厢的准备，可是每次他都用不着走到最后就会发现空位。他说，这是因为像他这样锲而不舍找座位的乘客实在不多。经常是在他落座的车厢里尚余若干座位，而在其他车厢的过道和车厢接头处，居然人满为患。

他说，大多数乘客轻易就被一两节车厢拥挤的表面现象迷惑了，不大细想在数十次停靠之中，火车十几个车门上上下下的流动中蕴藏着不少提供座位的机遇；即使想到了，他们也没有那一份寻找的耐心。眼前一方小小立足之地很容易让大多数人满足，为了一两个座位背负着行囊挤来挤去有些人也觉得不值。他们还担心万一找不到座位，回头连个好好站着的地方也没有了。与生活中一些安于现状不思进取害怕失败的人，永远只能滞留在没有成功的起点上一样，这些不愿主动找座位的乘客大多只能在上车时最初的落脚之处一直站到下车。

在人生的路途中，只要你自信、执着、富有远见、勤于实践，梦想就能成真，就会握有一张永远的坐票。

美国思想家、文学家、诗人爱默生曾经在《论自助》中有这样一段话：一定要信任自己，因为每一颗心都是朝着自信这根钢弦跳动。意志力薄弱的人习惯退缩，而对生活中必然出现的困难，信心很容易动摇，然而，所有奇迹的发生，其实只靠着一个简单的法则，只要充满自信，就一定可以成功。

生活当中很多奇迹的产生都是因为执着的信念。

美国实业家菲尔德在年轻时就有一个梦想：铺设一条连接欧美的海底电缆，当时多数人认为他这是天方夜谭，根本就没有可能实现，但是菲尔德还是坚信一定能够修建成功。从此，菲尔德往返于两大洲之间达 31 次，尽管多次失败，并且花费了他所有精力和财力，但是他始终相信自己能够获得成功。终于在 1858 年 7 月的一个晚上，海底电缆发报成功了，一时间，欢声雷动，每个人都沉浸在一片狂欢之中。但是，好景不长，电传讯号运转不久之后，又归于沉寂。这时候，责骂声四起，很多人都嘲笑菲尔德的空想。菲尔德默默承受着这一切，因为坚信梦想绝对能够成真的他，决心不放弃，也不退缩，他继续着心中的梦想事业，终于在 1866 年成功改写了世界的历史！菲尔德对信念的执着与坚持到底，终于改变了人类的未来世界，也改变了历史发展的面貌。

在我们赞叹菲尔德创造奇迹的时候，我们不免会想到菲尔德坚强的意志，如果不是他相信足够深，不知道还要等多少年连接欧美的电缆才能出现。

有句话叫“走自己的路让别人去说吧”，但是有多少美妙的设想夭折在别人的讽刺当中应该是无以计数吧！很多人碰到过这样的情况，每当你定下目标，开始进行时，身边的阻碍也跟着接踵而至，意志力薄弱的人，面对这些人生必经的困难，信心便会开始动摇，原来的信念就会慢慢瓦解，转而相信可能不行或许完成不了。当心里产生失败的念头时，事情自然就会朝着这个方向发展，最终计划会以失败告终。

信念是人的精神支柱，一旦精神支持坍塌，实现梦想的步伐就会停滞不前，萌生退意，又折返回原点。其实，本来是可以成功的。只要我们能像菲尔德一样，有着无比的坚定信念与自信，相信自己一定能够成功，最后一定能如愿。所以，一旦选定了目标就要毫不犹豫地去实现，不管别人怎么说，你都要坚信成功会出现。

人生在世活的就是心境，就是信念！人生中会遇到什么没有谁能够预知，只有坚定自己的信念，倾听自己心里的声音，朝着认定的方向不断前进，才会活出一个有意义的人生。

我们不可以执着于某事、某人，但可以执着于信念！

未来不是梦！有了执着的信念和顽强拼搏的精神，又何惧梦想不会成真！

第二节　坚守信念，梦想就会成真

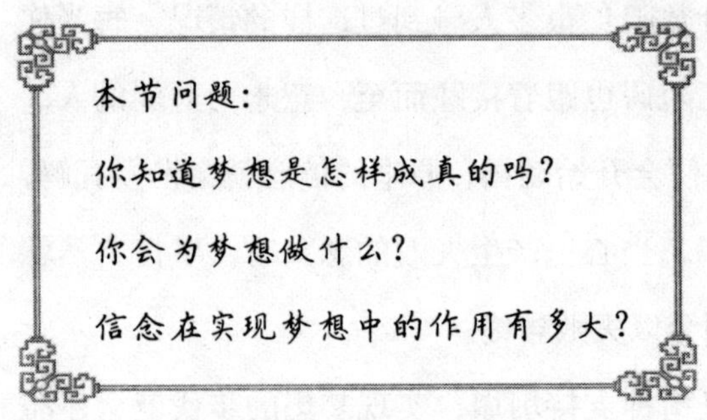

本节问题：

你知道梦想是怎样成真的吗？

你会为梦想做什么？

信念在实现梦想中的作用有多大？

一个人有了一个梦想，就会产生信念和动力，而信念又会让人持续不断地行动下去。实现梦想的道路往往是漫长和艰苦的，然而有了信念的支持就会战胜一切苦难。

传说古时候，太形山（即今太行山）和王屋山都是冀州南面的山。

这两座大山之北，住着一个 90 岁的老头子，大家叫他北山愚公，因为大山阻隔，出入要绕很远的路，非常不便，于是愚公下定决心，一定要挖平这两座大山。

他把自己的想法告诉了子孙们，全家人都欣然同意了。于是，愚公带领他的子孙们开始挖山，把挖出来的土运到很远很远的大海边倒掉。这是多么艰巨的任务啊！可他们满怀信心地坚持着干，连邻居小孩都来帮忙挖山。

有个叫智叟的老头，听说愚公每天都在挖山，就走来教训他："你这个人真是太愚蠢了！以你这样的残年余力，连山上的一株小树也动摇不了啊，还想把大山搬走？"

愚公望着自以为是的智叟，长叹一声，说："你这个人真是不明事理啊！还比不上我们邻居的小孩子呢！我也许不久就要死了，但是我有儿子，儿子又生孙子，孙子又有儿子，子子孙孙是没有穷尽的；而这山却是挖一点就低一点，不会再增高的了，只要我们子子孙孙没有穷尽，不停地挖下去，还怕这两座大山挖不平吗？"

足智多谋的智叟，这回也无话可答了。

山神听到愚公的话，害怕他这样无休止地挖下去，就连忙报告了天帝，天帝被愚公的决心和毅力所感动，就命令山神把太行、王屋两座大山分别搬到朔东和雍南去了。

传说终归是传说，它的可信度不是我们要追究的问题，我们要学习的是它告诉我们的道理——认定一个目标，目标是完成一个事业的起点。有决心和信心，向着目标矢志不渝地努力工作，定能达到目标。愚公率领他的子子孙孙们，坚定不移地干下去，结果感动了上帝，搬掉了两座大山。我们做事只要心诚，对事业充满信心，坚定不移地努力工作，也会创造出一个个人间奇迹，使梦想成真。

一个人只要是有为了信念誓死不渝的决心，信念就一定能够成真。如果不是一个个伟人用自己的性命坚持着自己的信念，或许至今我们还会生活在一团迷雾当中。其中布鲁诺就是一个典型的例子。

布鲁诺（文艺复兴时期意大利哲学家 ，1548—1600）原先也是个教职人员，他读了哥白尼的《天体运行论》，相信行星环绕太阳运行的说法是符合事实的，而且认为，在太阳系外面还有无数个像太阳系一样的小宇宙。所以他断定在无边无际的宇宙里是没有"上帝"位置的。布鲁诺的思想是教会所不能容许的。他就脱下道袍，逃出教

烈火熄灭不了心中的信念！

堂，从一个城市到另一个城市，从一个国家到另一个国家，到处宣传哥白尼的学说和他自己的见解。布鲁诺在欧洲广泛宣传他的新宇宙观，反对经院哲学，进一步引起了罗马宗教裁判所的恐惧和仇恨。1592 年，罗马教徒将他诱骗回国，并逮捕了他。刽子手们用尽种种刑罚仍无法令布鲁诺屈服。他说：“高加索的冰川，也不会冷却我心头的火焰，即使像塞尔维特那样被烧死也不反悔。”他还说：“为真理而斗争是人生最大的乐趣。”经过 8 年的残酷折磨后，布鲁诺被处以火刑。

1600 年 2 月 17 日凌晨，罗马塔楼上的悲壮钟声划破夜空，传进千家万户。这是施行火刑的信号。通往鲜花广场的街道上站满了群众。布鲁诺被绑在广场中央的火刑柱上，他向围观的人们庄严地宣布：“黑暗即将过去，黎明即将来临，真理终将战胜邪恶！”最后，他高呼：“火，不能征服我，未来的世界会了解我，会知道我的价值。”刽子手用木塞堵上了他的嘴，然后点燃了烈火。布鲁诺在熊熊烈火中英勇就义。

布鲁诺离我们远去了，但是他却把自己的信念留给了我们，他用自己的生命守护了自己的信念，守护了真理。他虽然在当时没有战胜黑暗势力，但是他战胜了自己，他的信念足够深到让今天的每一个人了解到他坚持的真理。

每个人对工作都有自己独到的见解，然而有些人害怕自己的建议不会被老板接受就闭口不提，自己也不会去坚持自己的想法。其实，这是在错失成功的良机，如果你觉得自己的想法有道理就要勇敢地向领导提出建议，即使你的建议一时没有被采纳，也不要灰心丧气，想办法证明自己的建议的正确性。错误永远遮盖不住正确的光芒，有江湖的地方就会有道理。在建议被采纳之前，你首先要有胆量坚持自己的想法。不要人云亦云，更不要轻言放弃！只要相信足够深，一切都能变成真是被无数成功者证实了的真理。

第三节　信念是人的精神支柱

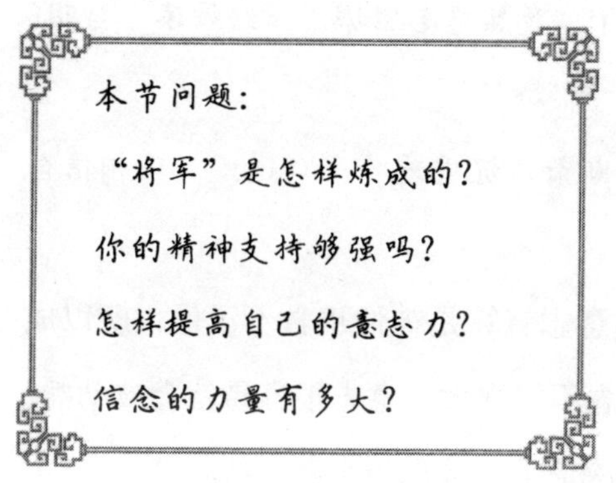
本节问题：

“将军”是怎样炼成的？

你的精神支持够强吗？

怎样提高自己的意志力？

信念的力量有多大？

人的精神世界就像一座大厦，一旦没有了支柱就会轰然倒塌，而意志力就是人生的精神支柱。一个人的意志力强弱由他的信念来决定。信念来自对成功的渴求和对自己实力的自信，又对成功和自信起极大的推动作用。由信念产生的强大的意志力往往会在人遇到困难和严峻的考验时体现出来。

不相信自己的意志，永远也做不成将军。

春秋战国时期，一位父亲和他的儿子出征打战。父亲已做了将军，儿子还只是马前卒。又一阵号角吹响，战鼓雷鸣了，父亲庄严地托起一个箭囊，其中插着一支箭。父亲郑重对儿子说：“这是家袭宝箭，配带身边，力量无穷，但千万不可抽出来。”

那是一个极其精美的箭囊，厚牛皮打制，镶着幽幽泛光的铜边儿，再看露出的箭尾，一眼便能认定用上等的孔雀羽毛制作。儿子喜上眉梢，贪婪地推想箭杆、箭头的模样，耳旁仿佛嗖嗖的箭声掠过，敌方的主帅应声折马而毙。

果然，配带宝箭的儿子英勇非凡，所向披靡。当鸣金收兵的号角吹响时，儿子再也禁不住得胜的豪气，完全背弃了父亲的叮嘱，强烈的欲望驱赶着他呼的一声就拔出宝箭，试图看个究竟。骤然间他惊呆了。一只断箭，箭囊里装着一只折断的箭。“我一直背着一支断箭打仗呢！”儿子吓出了一身冷汗，仿佛顷刻间失去支柱的房子，轰然意志坍塌了。结果不言自明，儿子惨死于乱军之中。

拂开蒙蒙的硝烟，父亲捡起那柄断箭，沉重地啐一口道：“不相信自己的意志，永远也做不成将军。”

一个人如果没有钢铁般的信念和意志就算是神仙也救不了他，所以成功靠的是自己的信念。如果自己的信念不够强大，意志很容易就会被动摇，意志动摇了，原来相信的事情也不会深信了，梦想也会断了线。

自己才是一支箭，若要它坚忍，若要它锋利，若要它百步穿杨，百发百中，磨砺它，拯救它的都只能是自己。所以，我们要相信自己，只要相信自己能做成一件事，自己就一定能够做成那件事。

意志的强弱决定了一个人是否能够克服困难，达到预定目标。意志力因人而异，不同的人意志力的强弱也不同。有的人意志坚定，百折不挠；有的人意志薄弱，惧怕困难。在职场当中，每个人都会遇到来自方方面面的困扰，瞬息万变的市场，激烈的竞争，不分昼夜的奔波，严厉的拒绝，冷嘲热讽、怀疑奚落等，无一不是对职场人士意志的一种考验。我们一定要积极面对挑战，要正确地对待工作中遇到的困难和失败，要有远大理想，勤奋进取，只有更高的追求加之付出的辛勤劳动，才能得到更多的收获。

那么，通过什么方式才能提高自己

的意志力呢？

1. 日常作息有规律，养成按时完成任务的习惯

日常作息要有规律，然后按规律有意识地去执行。可以在完成每个任务的时候适当地奖励一下自己。例如上午工作完成，中午可以小憩一会儿，一边养精蓄锐；一天工作完成，可以直接吃点钟爱的小吃。总之，要养成按时完成任务的习惯。

2. 善于坚持到底

决心开始做一件事时要谨慎，然而一旦决定，就要把自己选定的目标坚持到底。半途而废往往会导致时间流逝却一事无成。所以，当你想要放弃的时候，可以试着把放弃目标的每一条理由列出来，然后再把它们一一从心理上消除或坚决地变成坚持下去的理由。

3. 寻找新动机

长时间的工作，往往会带来暂时性、间断性的厌倦感。而克服这种疲惫怠惰的过程，正是提升意志力的过程。这时，你可以求助于一些转移注意力的活动，如，长时间大篇幅的文字录入很枯燥，但如果在打字过程中把每分钟输入多少字作为一个目标，和自己比赛，就会使录入这项工作变得不那么单调。也可以尽可能搜寻所有能够使你重新满怀热忱投入工作的新动机。

4. 养成运动的习惯

相关调查研究显示，通过运动训练能使自己的意志力得到一定程度的提高。所以，每天应进行一些有氧运动，如跑步、游泳等。通过运动，不

仅能提高身体素质，还能提升意志力，甚至还能提高大脑的思维和反应速度，一举多得，何乐而不为呢？

人的意志本身具有调节功能，一般意志薄弱的人，容易造成工作半途而废；而意志坚强的人则可以克服情绪干扰，把任务完成。所以，我们要通过各种方式来提高自己的意志力。

一个人无论在工作，还是在生活当中，如果没有坚定的信念，就没有顽强的意志，就会经受不住世俗的诱惑和挫折的打击，就会处处碰壁。

本章结论：

1. 我们是带剧本来到世界上的，相信成就剧本人生。

2. 小成功就是自己吹的牛自己信了，大成功就是一个人吹的牛团队所有人都信了。

3. 相信就有希望，相信夸张见证奇迹。

4. 一个不够夸张的梦想是不值得去挑战和达成的！

5. 一个没有鲜明个性的人或团队是很难让人印象深刻的！

卓越团队的共同理念之十二
快乐至上

我生平最高兴的，就是我答应帮助人家去做的事，自己不仅是完成了，而且比他们要求的做得更好，当完成这些许诺时，那种兴奋的感觉是难以形容的……

——杨可以

第一节　快乐工作

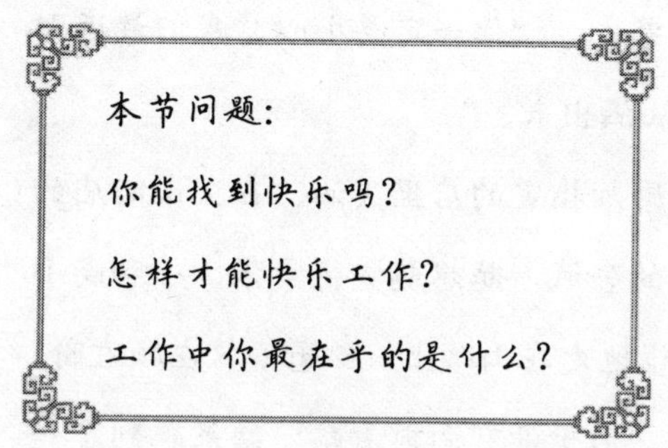

本节问题：

你能找到快乐吗？

怎样才能快乐工作？

工作中你最在乎的是什么？

追求幸福是每一个人的终极目标，享受幸福是每一个人的神圣权利，创造幸福是每一个人义不容辞的责任。作为一个平凡的人，同样渴望生存的愉悦，追求生命的快乐。然而从我们步入职场开始，每一天，每一年，工作成了我们生活的主要部分，占据了醒着的时候的大多数时间。所以，快乐工作是快乐生活的主要部分，工作不如意，生活就很难获得快乐。

作为一名普通的工作者在成就工作的同时，也要追求自我发展的快乐，收获成长，收获快乐。主动把握快乐工作的权利，珍惜重视工作中的每一个点滴，少一些抱怨牢骚，多一些天真可爱的真诚笑容，会让我们的生活到处充满阳光。

怎样才能快乐工作呢？这主要取决于我们对工作的心态，取决于我们对工作的感恩，取决于我们对工作的理解，取决于我们对工作的投入，取

决于我们对工作的追求，也取决于所在团队成员之间的通力合作。但是，只要我们坚持做自己喜欢的工作，做自己擅长的工作，就一定能够发挥自己的能力，在工作当中感受到自己的价值，感受到工作的快乐。就像有个故事所讲的：

从前在山中的庙里，有一个小和尚被要求去买食用油。在离开前，庙里的厨师交给他一个大碗，并严厉地警告：“你一定要小心，我们最近财务状况不是很理想，你绝对不可以把油洒出来。”

小和尚答应后就下山到城里，到厨师指定的店里买油。在上山回庙的路上，他想到厨师凶恶的表情及严重的告诫，越想越觉得紧张。小和尚小心翼翼地端着装满油的大碗，一步一步地走在山路上，丝毫不敢左顾右盼。

很不幸的是，他在快到庙门口时，由于没有向前看路，结果踩到了一个洞。虽然没有摔跤，可是却洒掉了三分之一的油。小和尚非常懊恼，而且紧张到手都开始发抖，无法把碗端稳。终于回到庙里时，碗中的油就只剩一半了。

厨师拿到装油的碗时，当然非常生气，他指着小和尚大骂：“你这个笨蛋！我不是说要小心吗？为什么还是浪费这么多油，真是气死我了！”

小和尚听了很难过，开始掉眼泪。另外一位老和尚听到了，就跑来问是怎么一回事。了解以后，他就去安抚厨师的情绪，并私下对小和尚说：“我再派你去买一次油。这次我要你在回来的途中，多观察你看到的人、事物，并且需要跟我作一个报告。”

小和尚想要推卸这个任务，强调自己油都端不好，根本不可能既要端油，还要看风景、作报告。

不过在老和尚的坚持下，他只有勉强上路了。在回来的途中，小和尚发现其实山路上的风景真是美。远方看得到雄伟的山峰，又有农夫在梯田上耕种。走不久，又看到一群小孩子在路边的空地上玩得很开心，而且还有两位老先生在下棋。这样边走边看风景的情形下，不知不觉就回到了庙里。当小和尚把油交给厨师时，发现碗里的油装得满满的，一点都没有损失。

其实，我们想比较快乐的工作，也可以采纳老和尚的建议。与其天天在乎自己的成绩和物质利益，不如多多重视工作的过程，享受完成每一次工作经验的快乐，并从中学习成长。

一位真正懂得从工作中找到生活乐趣的人，才不会觉得自己的日子充满压力及忧虑。

让工作快乐起来，在工作中体味快乐，在奋斗中品尝快乐，在拼搏中实现快乐。快乐要工作，痛苦也要工作，为什么不选择快乐工作?

据悉，现代人越来越重视工作带来的快乐感受。据“2009中国最具人气雇主”调查结果显示，在经济不确定的环境下，人们对晋升、加薪甚至跳槽欲望减弱，但是更追求工作带来的快乐感受。13000多名职场人士参加了本次调查，数据显示，人们希望能为有知名度的雇主工作，同时也希望雇主能更多地关心自己，帮助实现职业发展，帮助平衡工作与生活。

同样，《2011中国雇主人气调查报告》显示，经济环境和增长速度、社会关系等因素对2011年的职场产生了较大影响。

报告显示，在职人员认为职业成功主要依赖雇主提供的机会，同时雇主有责任帮助员工达成工作和生活的平衡，在校学生对工作乐趣要求超过了对高薪酬的期望。

可见，人们越来越重视是否能够快乐工作了。大多数人的工作是为了提高生活质量，但是工作不仅仅是为了生活。工作除了满足人的物质生活外，还能满足人的精神需求。在物质生活日益丰富的今天，人们更重视精神感受，所以，快乐工作才是人们享受生活的根本。

其实，快乐工作和快乐生活是完美结合在一起的。例如，你早起一会儿吃顿丰盛的早餐，不但可以保证身体健康，还能保证工作精力旺盛。以饱满的精神投入工作，提高工作效率，同时，轻松完成工作的成就感会使人的心情舒畅，精神更加愉悦。把心沉浸在工作当中，感受工作的快乐，下班后也能有一份好心情吃晚餐，然后再出去散步，让工作了一天的自己完全放松下来。

第二节　乐观向上

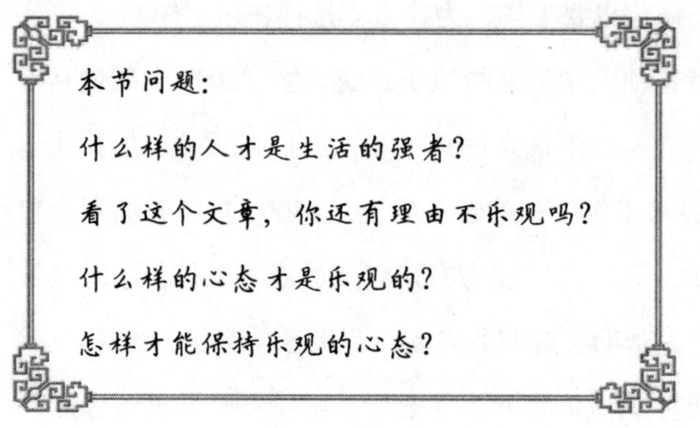

本节问题：

什么样的人才是生活的强者？

看了这个文章，你还有理由不乐观吗？

什么样的心态才是乐观的？

怎样才能保持乐观的心态？

无论是工作还是生活都需要一种乐观向上的积极心态。每个人的一生都会经历这样那样的坎坷和不幸，然而这都不是我们沉沦的理由。或许深处困境中的朋友不赞成这一观点，但是读一下这个网络故事，你还觉得你有什么可以不乐观的理由吗？

住 33 号那会儿，左邻 32 号是个老人。

老人一生相当坎坷，多种不幸都降临到他的头上：年轻时由于战乱几乎失去了所有的亲人，一条腿也丢在了空袭中；“文革”中，妻子经受不了无休止的折磨，最终和他划清界限，离他而去；不久，和他相依为命的儿子又丧生于车祸。

可是在我的印象之中，老人一直矍铄、爽朗而又随和。我终于不揣冒昧地问：

"你经受了那么多苦难和不幸，可是为什么看不出你有伤怀呢？"

老人无言地将我看了很久，然后，将一片树叶举到我的眼前：

"你瞧，它像什么？"

这是一片黄中透绿的叶子。这时候正是深秋。我想这也许是白杨树叶，而至于像什么……

"你能说它不像一颗心吗？或者说就是一颗心？"

这是真的，是十分肖似心脏的形状。我的心为之轻轻一颤。

"再看看它上面都有些什么？"

老人将树叶更近地向我凑凑。我清楚地看到，那上面有许多大小不等的孔洞，就像天空里的星月一样。

老人收回树叶，放到手掌中，用那厚重而舒缓的声音说：

"它在春风中绽出，阳光中长大。从冰雪消融到寒冷的秋末，它走过了自己的一生。这期间，它经受了虫咬石击，以致千疮百孔，可是它并没有凋零。它之所以享尽天年，完全是因为对阳光、泥土、雨露充满了热爱。对自己的生命充满了热爱，相比之下，那些打击又算得了什么呢？"

老人最后把叶子放在了我的书桌上，他说：

"这答案交给你啦，这实在是一部历史，然而更是一部哲学啊。"

如今我仍完好无损地保存着这片树叶。每当我在人生际遇中突遭打击的时候，我总能从它那里吸取足够的冷静和力量，不论在怎样的艰难之中，总能保持一份乐观向上的精神。

是的，活着感受大自然赐予我们的一切，就是上帝对我们的最好恩赐，与故事中的老人相比，我们还有什么理由去抱怨人生中的痛苦和磨难呢？我们还有什么理由不积极乐观地活着呢？

现今社会人们的工作已经很紧张劳累了，如果我们还用消极的心态来面对工作只会让自己变得浮躁，甚至工作得一塌糊涂。郁闷、无奈并工作着，还是快乐并工作着，相信每个人都会选择后者。乐观的工作心态会让我们发现更多美好的事情，拥有乐观的工作态度，会让你在工作中制造快乐、发酵快乐、传播快乐并享受快乐。拥有乐观的心态才能视压力为一种人生的挑战与考验，努力奋争，尽自己最大的力量去改变现实中的不尽如人意，平和从容地感悟人生、享受人生，最终成为生活的强者。

“人有旦夕祸福，月有阴晴圆缺”，如何才能长时间地保持乐观的心态呢？无数人的生活工作实践表明，乐观是相信没有最坏的事情，即使一件事情做不成功，也不气馁，相信总有成功的事；乐观是从正面的角度看事，从积极的角度看人；乐观是一种开放的心态，是相信有舍才有得，相信努力总有结果，相信投入的信心比收获的保证还要重要；乐观是对随时都得从头开始的一种非常自然的心理准备，把拥有看成暂时的幸运，把失去看成转换的时机，把一无所有看成一张可涂抹最新最美图画的白纸；是一种随时接受自己可以从零点起步的心态。

具体来说要保持乐观的心态就要做到：

1．记住高兴的事情，忘记失意和不快

人的心情不是取决于你净遇上好事，还是净遇上坏事，而是取决于你是记住好事，还是记住坏事。

2．积极的暗示

暗示自己：“我行！我能行！我很坚强！我不惧怕压力！困难在我面前如浮云！”不要对自己说：“我不行！我的能力有限！我受不了了！我要崩溃了。”积极的自我暗示可以影响你的心态，进而影响你的行为及其行为结果。

3. 活跃的工作氛围

工作是严肃的，但严肃不意味着刻板、死气沉沉。在工作中，有一些适当的、高品位的幽默可以化解冲突、可以活跃气氛、可以振奋精神、可以缓解压力。并且，它是低成本甚至是无成本。我们没有任何理由排斥它。

4. 珍惜你所拥有的

越是没有的或者是得不到的东西，人们越想得到，而对自己现在所拥有的一切却不那么珍惜。只有在失去自己现在所拥有的东西时，才备感它的珍贵与不可替代。

总之，乐观是一种发自内心的积极力量，是对人生没有过不去的坎的深信。我们要关注眼前，抓住当下，坦然面对失败和挫折，不为未来而焦虑。

第三节 快乐如此简单

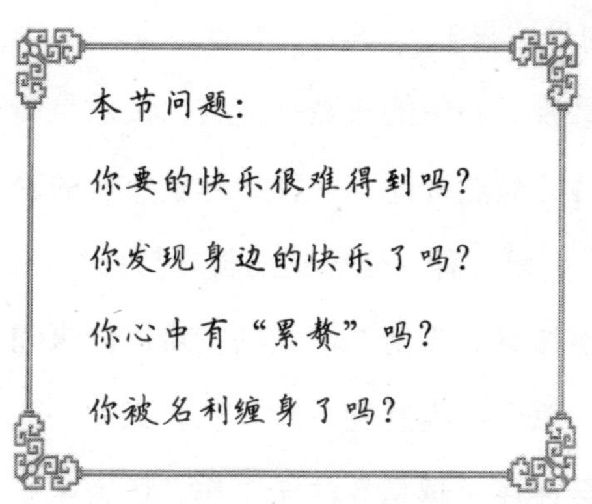
本节问题：

你要的快乐很难得到吗？

你发现身边的快乐了吗？

你心中有“累赘”吗？

你被名利缠身了吗？

一个国王为了寻找快乐，命大臣四处为他寻找。一天，大臣遇到一个自称“没有一天不快乐”的农夫，问其原因，农夫说：“我曾经因为脚上没有鞋穿而沮丧，直到有一天，在街上看到一个没有脚的人。”大臣顿悟，原来快乐如此简单。

没有哪个人不希望自己快乐，但是很多人会忽视眼前的快乐，其实快乐很简单，它随时随处都在我们身边，只是我们没有用心去发现。

随着年龄的增长，我们会怀念童年的天真与快乐，回忆着它的无忧无虑，回忆着在大人呵护下的快乐日子。为什么随着年龄的增长，人们会感到快乐越来越少呢？这主要是随着年龄的增长，我们在世俗的旋涡中越陷越深。我们过度地关注名誉、金钱、权势等，一颗心越来越不容易满足，在意的早不是童年那些美丽的风景。这正如一则故事给我们的感悟：一个富翁背着许多金银财宝到处寻找快乐，可当他走过万水千山仍未找到快乐，沮丧地坐在山道边，问一个背着一大捆柴草从山上走下来的农夫，为何自己没有快乐？农夫放下沉甸甸的柴草，舒心地揩着汗水说：“快乐也很简单，放下就是快乐呀！”富翁顿时开悟：自己背负那么重的珠宝，老怕别人抢，总怕别人暗害，整日忧心忡忡，快乐从何而来？

眼下，很多人都被名缰利锁缠身，何来快乐？成天陷入你争我夺的境地，快乐从何而言？成天心事重重，阴霾不开，快乐又在哪里？成天小肚鸡肠、心胸如豆、无法开朗，快乐又何处去寻？

很多人总是想获得快乐，而又不愿放下心中的累赘，其实，快乐是简单的。快乐是一种心情，一种顿悟之后的豁然开朗，一种如释重负后的轻松如意，一种云开雾散后的阳光灿烂，更是一种人生练达的哲理与智慧。

人在职场或多或少都会遇到一些不如意的事情，上司的责难、同事间的钩心斗角、升职加薪的遥遥无期……总会让人感到一丝不快。正如一些专家所认为的：只要有工作，压力就会存在。越是专注于工作，压力水平就会越高。然而压力大与小，能不能承受，关键在于面对压力时的心态和应对办法。快乐与否全在你自己，别给自己施加压力。

美国哈佛大学心理学硕士、哲学和组织行为学博士泰勒·本·沙哈尔在《幸福超越完美》一书中，将员工对工作的态度分为三种：Job(只是工作)、Career(事业)、Calling(使命)。他认为，积极而快乐的工作，提高工作本身的认同感，更容易收获职场成就。

实际上只要摆正心态，想要在职场当中获得快乐也很简单。

1. 不要把工作当成一切

心理学家认为，在工作中遭遇挫折和打击时，需要在其他的方面得到恢复。所以，不要把工作当成人生的全部，生活中还有很多美好的东西，一个人的自我形象越多元，就越容易感到快乐。如果成就感只来自工作，当工作上不顺心时，就更容易影响到情绪。和工作保持适当距离，正是为了在工作中更好地感受快乐。

心理学家发现，很多人因为怕丢掉工作才变成工作狂。培养兴趣爱好可以让生活变得多元、更轻松愉快，工作狂的想法也就会随之改变。

2. 凡事不要追求完美

完美主义者通常会为自己的工作设定一个十全十美的目标，一旦目标达不到完美的状况，便会失意沮丧、否定自己。其实，任何一件事只要我们努力了便可以，要对我们每天所进步的东西喝彩。

3. 要降低期望值

不要认为付出和收获是对等的，付出了不一定有收获。很多人认为在工作上投入了大量的精力，牺牲了很多个人时间，就应该得到相应的回报。事实上，在职场，付出与回报并不一定对等，所以，你对公司的期望不要过高，不然，期望越大，失望越大。

4. 不要和别人较劲

不要老拿自己跟别人去比。有的人喜欢攀比，害怕别人瞧不起自己，别人的成就也会让自己有深深的挫败感。每个人都有优势与劣势，要善于去发现自己的优势并把它认真地经营下去，才会取得应有的成功。快乐生活最忌讳的就是斤斤计较和互相攀比。

5. 不要被压力击垮

工作遇到压力时，可以向亲友倾诉一下，也可以通过运动释放压力，还可以放上一段喜欢的音乐，让自己沉浸在迷人的咖啡香味中……总之，在忙碌的工作中，要给自己留出一点空间，让压力得到释放。

6. 正确看待得失

胜不骄，败不馁，要正确看待得失。失去和获得是一对连体婴，是不可分割的。我们失去了青春而获得成熟与稳重，失去了玩的时间而获得辛苦劳动带来的报酬，失去高薪职位而获得休闲时刻。换一种角度去想，我们真的不该为失而痛，而是为失而快乐。

7. 善于吸取别人的经验

人在职场都会有一个“人生导师”，它可以是一个人、一本书，当你遇到职场上的困惑时，都可以从“导师”那获得解决办法，从而缓解内心的焦虑。

8. 善于清空烦恼

与上司或同事相处得不愉快、痛彻的失恋、事业的失败等，人生不如意的事很多，但我们不能把这种烦恼不断地持续下去，要学会对烦恼进行清空。可以通过去逛逛街、购购物、加入同学party的方式等来忘记你的烦恼，要练就一身清空烦恼的好武艺。

职场当中，如果你能够做到以上几点，快乐就真的很简单。

本章小结：

1. 快乐没有想象的那么难！
2. 只要你善于发现，其实快乐就在你身边！
3. 快乐是工作的原动力！

卓越团队的共同理念之十三
速度制胜

我们都是从天堂到地狱顺便路过人间，所以在人间的时间短，记得珍惜每一天。

——杨可以

第一节　想法影响效率

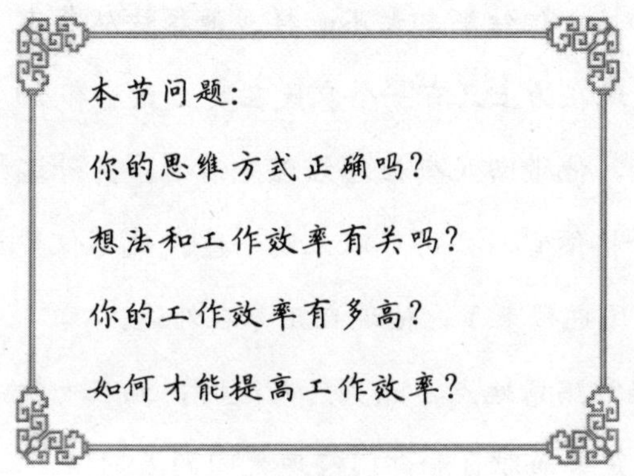
本节问题：

你的思维方式正确吗？

想法和工作效率有关吗？

你的工作效率有多高？

如何才能提高工作效率？

人的一生不过短短的几十年，所以我们根本没有时间可以浪费，我们所能做的就是珍惜每一天，认真做事，踏实生活。无论做什么事情都要全力以赴，争取做得又快又好。

如今职场竞争激烈，没有谁会懈怠工作，但是同样的工作时间，效率不同，结果就会大相径庭。

约瑟夫和威廉是两个好朋友，他们同时被一家公司录用。在开始的半年里，他们一样努力，每天工作到很晚。最后都得到了总经理的表扬。可是半年后，约瑟夫得到了提升，从普通职员一直升到部门经理。而威廉却似乎始终被冷落，到现在还是一个普通的职员。

终于有一天，心中不平的威廉向总经理提出了辞呈，并痛斥了公司的用人不公。总经理没有生气，他希望帮助威廉找到问题的关键。因为他知道威廉虽然工作努力，但效率不高。这也是他一直没有得到提升的主要原因。

总经理微笑地看着他，忽然想出了一个主意。“威廉先生，请你马上到集市上去，看看今天有什么卖的。”威廉很快从集市回来，说刚才集市上只有一个农民拉了一车土豆卖。“一车大约有多少袋，多少斤？”总经理问。威廉又跑去，回来说有10袋，100斤。“价格是多少？”威廉再次跑到集市上。当威廉回来的时候，总经理对气喘吁吁的他说：“休息一会儿吧，你可以看看约瑟夫是怎么做的。”

约瑟夫需要完成的是同样的事情，但结果却大不一样。他很快从集市回来了，并且向总经理汇报说，到现在为止只有一个农民在卖土豆，有10袋共100斤，价格适中，质量很好，他带回几个让总经理先看看。另外这个农民还有几筐才采摘的黄瓜，价格便宜，公司可以采购一些。他不仅带回了黄瓜的样品，而且还把那个农民也带来了，他现在正等在外边。

听完约瑟夫的汇报，总经理非常满意地点了点头。而这时，站在一旁的威廉也已经明白了一切，“这就是普通职员和部门经理之间的差别”。

效率的差别来自想法的不同。约瑟夫能够由普通的职员升为部门经理，并没有什么特殊的原因，关键在于他能够延伸自己的思维，比别人想得更多一些。他知道应该从整体上考虑问题，才可以有效地将有关联的工作联系在一起。蔬菜的品种和价格信息并不是割裂和孤立的，一次全面有效地掌握这些信息，将会避免出现威廉那样辛苦却低效率的工作。

一个人的思维方式是其智力和影响力的重要组成部分，在人的能力结构中的地位非常重要，直接影响到人的思想方法、工作水平和工作效率，也在很大程度上决定着人的工作能力。思维方式是一个历史范畴，具有鲜明的时代特征。目前，我们正处在新的历史起点上，作为担当历史重任的跨世纪工作者如何优化思维方式，已成为一个值得认真探讨的重大现实问题。

美国现代成人教育之父，美国著名的人际关系学大师戴尔·卡耐基说：“正确的思考方法可以提高你对工作的兴趣？你得为自己本身的问题好好想想，如果你把一半的时间花在工作上，而仍不减其兴趣，那么你人生的幸福也许可以增加两倍。但是，当你在工作上找不到幸福时，很可能在其他地方也找不到幸福了。所以你必须记住，当你觉得工作很有趣时，你的烦恼便能一扫而空，至少你的疲倦感也能降至最低，而得以陶醉其中。”

如果一个人能够陶醉在工作当中，再加上正确的思维方法，那么他的工作效率就可见一斑了。那么，我们如何获得正确的思维方法呢？很多人都认为要成为一个思维方法正确的人，必须具备顽强坚定的性格。

埃玛·盖茨博士是美国的大教育家、哲学家、心理学家、科学家和发明家，他一生中在各种艺术和科学上有许多发明、许多发现。他能够把这个世界变成更理想的生活所在，就是因为他的思维方法的正确性。

盖茨博士的成就证实，正确的思考方法具有巨大的威力。要养成正确的思考方法，首先要培养注意重点的习惯；其次要看清事实、尊重真理、正确评价自己和他人，另外还要善于投资，要有建设性的思想。

1. 培养注意重点的习惯

事情分轻重缓急，重要的和不重要的，或者是有关系的和没有关系的。如果仔细研究就会发现，那些有成就的人都已经培养出一种习惯，把影响到他们工作的重要事实全部综合起来加以使用。这样一来，他们也许比起一般人来会工作得更为轻松愉快。由于他们已经懂得秘诀，知道如何从不重要的事情中抽出重要的事情，因此，他们等于已为自己的杠杆找到了一个支点，只要用小指头轻轻一拨，就能移动你即使以整个身体的重量也无法移动的沉重工作分量。

如果一个人能够养成把注意力转移到重要的事情上的习惯，那他就已为自己获得了一种强大的力量。

2. 看清事实才能思维方法正确

现实生活中有很多人错误地把事情的利害关系当做事实。他们愿意做的一件事，或是不愿意做的一件事，唯一的原因是能否满足自己的利益，在事情对他们有利时，他们表现得很“诚实”，但当事情对他们似乎不利时，他们就会不诚实，而未曾考虑到是否会妨碍到其他人的权益。

思维方法正确的人会给自己定一套规则，不管这套规则能否立即为他带来利益，或是偶尔还会带给他不利的情况他都会坚持。因为，他知道这些规则最终会使他达到自己的那些明确而主要的目标。

在追求事实的过程中，经常需要借鉴他人的知识与经验，用这种途径收集事实之后，必须很小心地检查它所提供的证据以及提供证据的人，以防得到的事实不真实，而导致我们的思维方法错误。

在职场当中，保持思维方法的正确性，然后按照正确的方式快速行动，是我们提高工作效率的有效方法。

第二节　抓住最近的目标

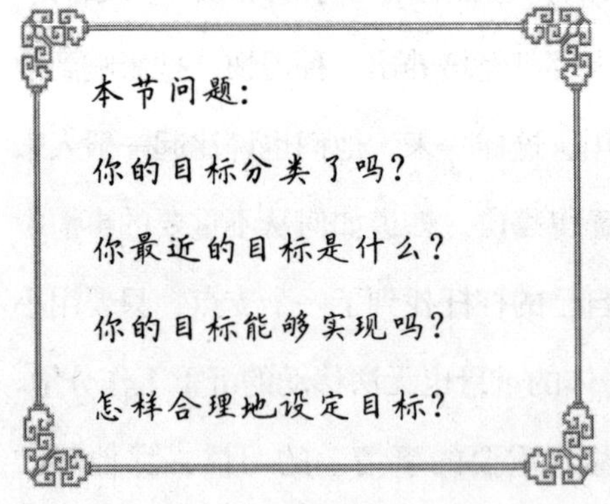

本节问题：

你的目标分类了吗？

你最近的目标是什么？

你的目标能够实现吗？

怎样合理地设定目标？

职场成功人士的一个突出特征就是有目标也有行动，知道自己要做什么，也知道应该做什么。失败者之所以失败，大多数是因为没有目标，或者有目标而没有决定通向那个目标必须走的路，所以只能随波逐流，最终搁浅在绝望、失败、消沉的海滩上。

一场罕见的洪水袭击了一个小村落，许多人被无情的洪水夺去了生命。一个三口之家也是这场灾难的受害者，丈夫在洪水中救起了自己的妻子，而他们十岁的儿子却被淹死了。对于这个家庭的不幸遭遇，许多人都深表同情。

但事情渐渐出现了变化，另外一些人对那个男人的选择产生了疑问。在突如其来的洪水面前，丈夫挽救妻子的生命，而放弃了他们的儿子。“难道在灾难来临的时候，孩子就应该成为被舍弃的对象吗？”围绕这一话题展开的争论，一时间成了山村里人人熟知的话题。

一个报社的记者路过此地，听说了这个故事。对于争论，他不想了解。只是他很想知道：如果你只能救活一个人，究竟应该救妻子还是救孩子呢？妻子和孩子哪一个更加重要？于是他专门去采访了那个丈夫。

“我根本来不及想什么，当洪水到来的时候，妻子就在我身边。我们都不想失去对方，于是我就抓住她拼命地往山坡游。而当我返回去的时候，儿子已经不见了。”他痛苦地回忆着。

“请不要过于悲伤，毕竟你从洪水中救回了妻子。”记者最后说道。

抓住离你最近的目标，你才有可能体现效率的价值。主人公的选择是正确的，救活一个，胜过失去两个。面对洪水，他可以做到的就是紧紧抓住离自己最近的妻子，这是最为现实和明智的，同时也是最为有效的。如果他放弃妻子去救孩子，可能最后一个人也救不了。太高的奢望和不切实际的目标，对我们而言是没有价值的。只有把握好最近的目标，付出才可能有回报。

做自己力所能及的事情，是简单有效的选择。在工作中，订立切实可行的

计划，认真做好身边的每一件事情，那么你的工作就是有效率的。避免为追求高目标而不从实际出发，避免希冀快速地达到目标，好高骛远，盲目地制订计划。将眼光盯在虚妄的目标上，却忽视眼前的工作，只会让人疲于应付，缺乏效率。

职场人士要想提高工作效率，顺利地实现目标，就必须树立具体化、可衡量、切实可行的目标。

俗话说，“无志者常立志”。有些人经常确立目标，但最终一个也没有实现。这就是因为目标提得不具体，没有衡量的标准。目标之所以是目标，正是因为我们当前还不能达到它，所以，它是作为一种可能性而存在的。如果目标不具体，没有切实可行性，不管是谁都无法实现。

那么，如何才能树立有用的目标呢？有人总结出了以下步骤：

第一步，把自己的目标写出来。只有将自己的目标写下来，才能把目标详细的内容规划出来。同时，当你把目标写下来的时候，你就把这个目标具体地呈现在自己面前，目标就会变成一个实实在在的东西督促你去实现。

第二步，设定一个期限。检查自己设定的目标，何时能够达到？根据目标的可行性，设定一个实现的期限。

第三步，列出你要达成这个目标的充分理由。追求目标的动机比目标本身更能激励人，所以应该简明扼要地写出你为什么要实现这个目标，写出能够实现目标的把握和它们对你的重要性。

第四步，将目标划分成几个小目标。写出实现目标的步骤，并找出实现每一步的方法。比如你设定的是年目标，你就可以把它分成月目标，并且写出每月应该怎样做，才能实现目标。

第五步，分析目前的处境，看看自己具备哪些资源。只有知道自己的立足点在哪里，才能知道下一步该怎么做。找出自己的优点，分析自己最强和最弱的地方分别是什么？找出自己最需要学习的是什么？大部分的人在设定目标的时候常会犯下一个重要的错误：他们很快地着手于设定自己的目标，但是却没有先仔细地检查一下他们是否具有一个实现目标的良好基础。

第六步，看一下你所列的资源有哪些可以运用得很熟练。找出你认为最成功的几次经验，仔细想想是因为什么才造就了这些成功。

第七步，分析实现目标需要克服的障碍。成功就是克服障碍。没有一件成功不是由障碍阻拦所成就的。在你往自己的目标前进的时候，你所遇见的每一个障碍都是来帮助你达到你的目标的。所以，首先确认你的障碍，将它们列出来。其次，对你面前的障碍设定重要性的优先顺序，找出哪一件事影响最大。发掘在通往成功路途中的大石块要全神贯注地解决它们。

第八步，确认实现目标所需要的知识。当今社会，没有知识一事无成。不管你设定了什么目标，你想要完成它，必定需要更多的知识。你需要自我成长，需要不断地阅读、学习，吸收新的资讯来达成你的目标。

第九步，列出可以帮你达成目标的人。或许能够帮你达成目标的人很多，但是你必须从这些人当中列出你目前可以叫出名字或者是知道名字的人开始。同时由于一个人的时间和精力都是有限的，因此要找出最重要的人优先考虑，努力争取得到这些人的帮助。

第十步，将你所期待的目标建立一个清楚的心中景象。尽你一切可能建立这个心理景象。而后不停地想到这个景象，不断地想象你的目标已经被实现的样式。不断地重复，一直等到这个景象深深地印在你的潜意识当中。

第十一步，找一些值得效仿的榜样。从你的目标领域中找出几位值得效仿的人，简单地列出他们成功的特质和事迹。看看他们能够提供哪些帮你达成目标的建议，记下他们建议的方法。

第十二步，检查你所列的目标是否能够有结果。在行动中要对目标的实施进行定期总结、检查和更新。

掌握以上制定和实现目标的步骤和方法，你就能够准确找到目标，并能迅速实现目标。

第三节　有效率地工作

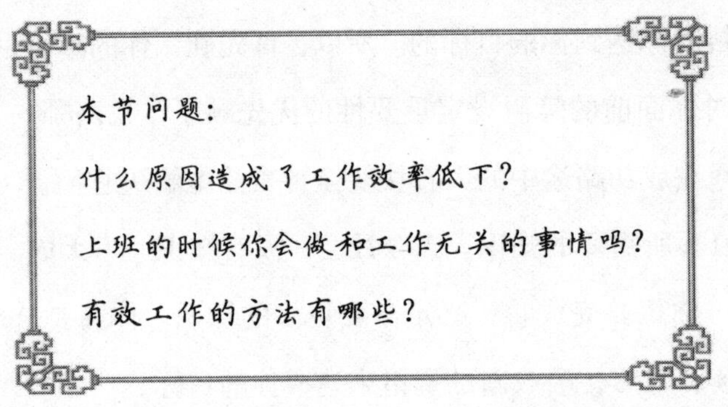

本节问题：

什么原因造成了工作效率低下？

上班的时候你会做和工作无关的事情吗？

有效工作的方法有哪些？

在竞争激烈的现代社会中，工作效率的高低能够直接影响到企业赢利的多少，因此，工作效率一直是企业都在努力追求的事情。员工工作效率的高低直接影响到其收益和职位的高低。然而，还是有很多人由于不会合理安排工作时间，导致工作效率低下。

周四下午开始，Jackson 的 QQ 就闪个不停，同学、老友不断有人跳出来，询问他周五下班和周末有什么安排。边聊边工作，半天的时间就荒废了。下班的时候，还有几个文件没有看，顺理成章地被推到周五。可周五刚走进办公室的大门，就接到任务被派往郊区处理一个紧急事故。周日 Jackson 在家猫了一天，一边听着音乐煮着汤，一边很不情愿地做着本周没做完的工作。等到下周一上班的时候，满脸倦容。

这是 Jackson 习以为常的工作节奏，一年下来，他的工作业绩排名很靠后，收入也大受影响。

对于很多人来说，都会出现类似的现象。珍惜时间，今日事今日毕，这些小学老师就开始教授的内容，很多职场人到退休的时候也做不到。

同是一个部门的同事，能力相当，工作环境相同，都是每天上班朝九晚五，但时间一长彼此之间的业绩会相差很大。

梳理一下每天的生活，我们会发现，很多时间都在不知不觉中流失。每天 8 个小时的工作时间内，可能会出现以下情况：上班打开电脑后 30 分钟的网上闲逛，中午吃饭前 15 分钟不能集中精力，下午 2 点之前没精打采，还有下班前 15 分钟收拾东西。这还不包括因为个人情绪问题导致的工作效率低下，因为办公室政治产生的内耗，因为参加低效的会议而耽误的光阴。这些荒废的时间加在一起，会是个惊人的数据，若干年累积下来，直接表现出来的就是人与人之间银行存款的差异。

上班的时候不闲聊，点滴时间整合起来用，同时制订明确的日计划、周计划，知道每个时间段的工作重点以及重要事情的截止时间，让工作在自己手中按部就班地进行，而不是被工作牵着鼻子走，这些都应该成为上班族的必修课。想领先于别人，更要有效利用一些休息时间，比如上下班的途中、等电梯的时候。更有人提出，一个人晚上 8 点到 10 点在做什么，可以决定一个人一生的发展。

工作效率低下的现象主要出现在职场新手当中。很多职场新手都会抱怨工作任务多，但是如果问职场老手，他们就会说工作任务多了就做快点，很明显新手感到工作任务多是因为工作效率低。到底是哪些因素导致新职员的工作效率低下呢？根据众多的新员工的表现看，主要有以下几个方面。

第一，工作不熟练。有些职场新人虽然工作一段时间后就能掌握本岗位的工作技能，但是工作技能不够熟练，导致工作效率很低。

对于工作熟练度不足的问题，员工应该及早地确立自己的职业导向，迅速提高相应的工作能力，以节约工作时间。

第二，没有时间观念。很多职场新人都没有时间观念，只顾埋头做事，对自己的工作时间没有具体的安排，也不清楚自己的时间到底是怎么损失的，也不明白自己所花费的时间是否合理。拿到一份领导交代的任务，不明确自己能够多长时间做出来，没有潜意识里的强制性概念。

对于这个问题，员工要找到浪费时间的原因，制订相应的解决方案。建立和强化时间观念，利用日程表记录每天的工作内容，要时刻清楚，每一个时刻应该做什么。

第三，统筹能力不足。统筹能力跟工作时间的长短成正比。工作时间越短的人统筹能力越低，越无法合理安排自己的工作，做事分不清轻重缓急，导致工作效率低下。

要想提高统筹能力就要把时间已经确定的任务罗列出来，其他工作见缝插针地去完成。还要培养自己的日程安排能力，将相似的工作安排在一起，尽量减少主观思维上的变化。工作安排不要太紧张，要给自己保留一定的弹性时间。

第四，任务分解能力不足。有些复杂的工作需要进行拆分，并逐步分类，各个击破。很多职场新手任务分解能力低，由于缺乏思路而无从下手，越想越繁杂，无法很好地系统地完成工作。

要解决这个问题，就需要具有项目管理的观念，事无巨细，一律按照项目案来处理，抓到问题就分解，按类别来逐步完成自己的工作，形成自己的任务分解能力。

当然，工作效率低下不只是新员工的问题，在很多老职工当中也存在这种现象。要克服工作效率低下的现象就要热爱自己的工作，时刻总结工作的经验教训，找到适合自己的工作方法。工作方法有千万种，但是不外乎两点：一要思路清晰，二要行之有效，只有这样才能有效率地工作。

本章小结：

1. 无论从事什么工作，速度都是取胜的法宝！

2. 在其他条件一定的情况下，我们可拼的只有效率！

3. 行之有效，才是最好的行动！

卓越团队的共同理念之十四
不服输

你们放弃什么都不能放弃梦想，只有梦想才能把肉体支撑起来，人生才得以飞翔。

——杨可以

第一节　太棒了

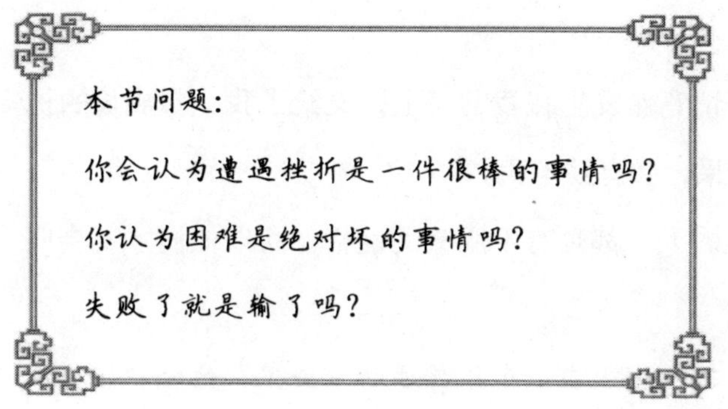

本节问题：

你会认为遭遇挫折是一件很棒的事情吗？

你认为困难是绝对坏的事情吗？

失败了就是输了吗？

做人就要不服输，只有不服输的人才不会输。很多名人成功的例子都说明了这一点。每个人都会遇到困难和挫折，但怨天尤人于事无补，要做的是在挫折与困难面前能够及时调整心态，保持一种积极进取的态度。

“牛仔大王”李维斯年轻的时候，想到西部去淘金。他去向一位成功人士请教，那人告诉他，当你身处困境时，强迫自己狂喊：“太棒了，这样的事情竟会发生在我的身上，又给了我一次成长的机会。凡事的发生必有其因果，既然发生在我身上就必有助于我。”同时，要大力拍手。

在遭遇了一次次困难之后，他就卖水谋生。身材矮小的他，屡次被人抢占地盘并遭到毒打。每次，他只好又开始狂喊，边喊边想：西部黄金也不缺了，现在卖水的也不缺了，还缺什么呢？西部的人们强体力劳动，衣服很容易磨破；同时看到，漫山遍野是废弃的帐篷，于是他就把废弃的帐篷收集起来洗干净，缝成了世界上第一条牛仔裤。

困境和机遇从来都是相对的，而且常常会在一定条件下转化。困难阻碍了我们前进的脚步，但也为我们提供了一个重新发现自己的机遇。

成功者都是“精神胜利”大师。古往今来，越是成大业者，其精神的力量越是强大。成功旅途，失意难免，挫折难免。成功者不是没有低潮，而是他们绝对不会让自己在低潮中“待”得太久。

在追求成功的旅程中，如果我们真的遇到挫折、失意乃至失败时，让我们像永远积极思维的“牛仔大王”李维斯一样，立即大声地对自己的潜意识说一句：

“太棒了！这样的事情竟然发生在我的身上，又给了我一次成长的机会，凡事的发生必有其因果，必有助于我。”

在职场中能有所成就的人，都具有不服输的性格，所以他们才不会向困难低头。

在中国台湾，有个年轻人出生在一个很普通的家庭里，他轻狂叛逆，高中没毕业就当起了小混混，他当过搬运工、水泥工、货车司机，之后又和朋友合伙做生意，但每次都超不过半年就放弃了。

终于有一天，一无所有的他意识到自己再也不能这样下去了，于是他就进了一家公司当销售员，卖韩国的现代汽车。

但是，当时现代汽车在中国台湾的销售情况异常糟糕，销售量排名倒数第一，客户满意度排名倒数第二。

不止这样，公司的销售点都在穷乡僻壤，而年轻人所在的营业厅在台南县一个很小的镇里，人口还不到6万，营业处的150多名业务员都对这份工作不抱什么希望，很多人都选择了跳槽，只剩下包括年轻人在内的20多人。

要把这样一个弱势的品牌在这样一个地方销售出去，实在太困难了。年轻人工作了一年，业绩很差，连年终奖都没拿到。

在这样困难的情况下，又有一些人选择了放弃，随便找个借口就离开了，他们认为："这样的单位，这样的品牌，什么发展也没有，一点希望也没有。"

年轻人也想放弃，但是，他不想再次失败，他想："好卖的车每个人都会卖，别人不想卖的车，就没有人和我抢客户，我就有更多的机会，我就不信我成功不了。"

想到这里，他彻底打消了想放弃的念头，全身心地投入到工作中去，即使遇到解决不了的问题和最难对付的客户，他也一点没有灰心丧气。

就这样，几个月后，他的乐观和能力赢得了越来越多客户的信任。许多人纷纷帮助他，甚至一位半身不遂的客户，都在极力帮他介绍别的客户。

几年后，年轻人创下了中国台湾有史以来年度最高汽车销售纪录——205 辆，而他那一年的收入也因此高达 560 万元新台币。

他的名字叫林文贵，是中国台湾家喻户晓的汽车销售员。2007 年，林文贵获得第一届《商业周刊》"超级业务员大奖"金奖，评委给他的评语是"他就像生长在悬崖上的兰花，没有土，没有水，悬崖上的风很大，自己却从细缝中活出精彩。"

成功的机会往往隐藏在困难当中，当我们身处困境的时候，要相信总有拨开云雾见青天的时刻。困难只是对我们的考验，是在给我们成长的机会。我们不应该畏惧困难，而是应该勇敢地喊一句"太棒了！"

现实生活中很多人会被困难吓倒，对于销售额不高的行业避之不及，喜欢跳来跳去寻找好做的工作，结果几年下来还是一个业绩平平的小销售员。而像林文贵那样面对困难不服输，不怕被困难压倒的人，才能取得他那样的成绩。

在职场当中遇到挫折的时候，我们要善于喊一句"太棒了，这样的事情竟然发生在我的身上，又给了我一次成长的机会"，即使屡战屡败也要给自己积累不服输的人生正能量，并且要利用受挫折的机会开创出崭新的人生道路，打造一个更为广阔的发展平台。

第二节　只要你想，就能做到

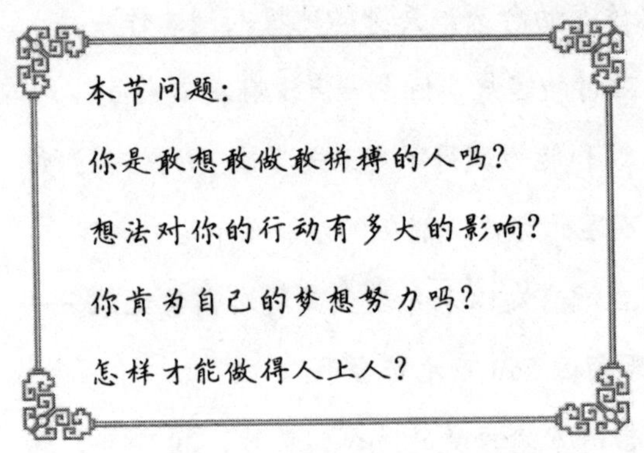

本节问题：

你是敢想敢做敢拼搏的人吗？

想法对你的行动有多大的影响？

你肯为自己的梦想努力吗？

怎样才能做得人上人？

很多职场人士奉行小心翼翼的做事原则，一些事情敢想不敢做，总是怀疑自己的能力或者担心事情会受到一些阻力，从而把自己的想法扼杀在摇篮当中。其实很多事情只要你想就能做到，根本没有必要前怕狼后怕虎。

美国有位总统，名叫罗斯福。当他还是参议员时英姿焕发、英俊潇洒、才华横溢，深受人民爱戴。

有一天，他在加勒比海度假，游泳时突然感到腿部麻痹，动弹不得。幸好，吉人自有天相，被人救起，避免了一场悲剧。

经过医生的诊断，罗斯福被证实患上了“小儿麻痹症”。

医生对他说：“你可能会丧失行走能力。”

罗斯福回答说：“我还要走路，我要走进白宫。”

第一次竞选总统时，他对助选员说：“你们布置一个大讲台，我要让所有的选民看到这个得小儿麻痹症的人，可以‘走到前面’演讲，不需要任何拐杖。”

当天，他穿着笔挺的西装，满怀信心，面带笑容地从后台走上讲台。他的每次迈步声，都让每个美国人深深感受到他的意念和十足的信心。

后来，罗斯福成为美国历史上唯一一位连任四届的伟大的美国总统。

很多事情的成功，最主要的是靠不屈不挠的意志力与绝对的信心。老是以自己本身某部分的缺陷限定自己的能力的人是不聪明的。那只是找借口来掩饰自己害怕失败的心理。有些人可能会说自己完全没有某一方面的经验，不敢去尝试而白白浪费了一个可能让他踏上成功的机会。

生命本身是一种挑战，即使自己有缺陷，但是只要不认输，肯努力去证明自己的本领，就一定能够获得成功。

现今社会虽然能力和经验第一，但是只要你想就一定能够成功。“想”是成功的内在动力，只有“想”才能促使你不怕困难和挫折。在职场当中，只有那些敢想敢做敢拼搏的人才能获得成功。

1. 敢想——根据兴趣确定目标

在职场当中，我们要根据自己的专业和兴趣去选择工作，不要没有一点想法就天马行空地去做一些自己不喜欢的工作。在步入职场时先要做好自己的就业计划，根据兴趣制订方案，给自己分配一定的时间，了解自己的工作兴趣、方向，定好目标后，学习了解这方面的基础知识，尽快适应行业内的各种潜规则！等你真正进入这个行业的时候才是真的挑战，从陌生到熟练，逐步在实践中积累经验，历练自己！开始的时候可能起点低，困难重重，但是只要你坚持下去，就会有收获的！

2. 敢做——吃得苦中苦方为人上人

我们在进入职场时，首先要明确自己的工作内容，端正自己的态度！

不要因为害怕犯错，就畏首畏尾，这也不敢做，那也不敢碰，怕出了什么事担责任！其实，只要是工作就难免会出错，没有哪个职场人士没犯过错误，公司既然把任务交给你，就是想要培养你！如果你因为害怕而什么都不去做，那么你就不会有成长的空间！

吃得苦中苦方为人上人，如果你真的想要成功就不要怕苦。要学会主动沟通，主动学习，主动做事，主动思考！善于发现生活的美，善于发现工作中的不足，总结自我，全方位的提高自己的能力！只有敢做你才能真正地做一个人上人！

3．敢拼搏——主宰命运的是你自己

大家都知道笨鸟先飞的道理，如果你觉得自己不够聪明，你就要用别人十倍的努力创造自己的价值！在职场当中只要自己目标明确，肯努力，肯勤奋，就没有人可以小瞧你。不要觉得你技不如人就暗自消沉，经验是一个不断积累的过程，可能现在你只是一个菜鸟，但是只要你知道飞行的路线，走对道路，一样可以到达成功的彼岸！敢于拼搏，坚持下去，你会发现，自己已经不再是那个菜鸟，你已经有自己的想法、看法和能力了！

敢于拼搏要结合自己的特长、爱好、兴趣、优点等，确定自己的职场目标，当然这中间也不能忽略了自己的缺点，对于自我分析得越透彻，得出来的结果就会更加利于你的职业生涯的发展。有了明确的目标才有前进的动力，才更加确定你的方向！

德国诗人歌德曾说：“长久犹豫不决的人，常常找不到最好的答案。”不仅如此，据美国加利福尼亚大学对多名失败青年调查显示，犹豫不决位居30多种失败原因的榜首。在职场当中畏首畏尾、犹豫不决是难以取得成功的。在工作当中遇到难题的时候固然应该把问题的各方面都加以慎重地权衡考虑，但千万不要犹豫不决，要有敢想敢做敢拼搏的精神。一个人

的能力往往大于自己的想象力，只要是自己认准的事情，即使有困难也要当机立断，勇敢地付诸行动，如果害怕失败畏首畏尾，就会一事无成。

第三节　不服输就会赢

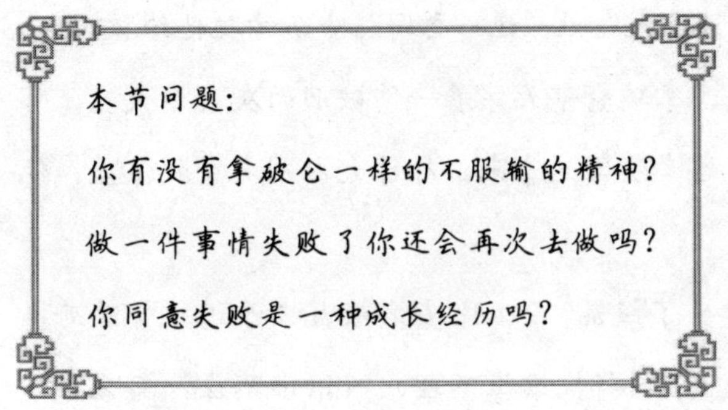
本节问题：

你有没有拿破仑一样的不服输的精神？

做一件事情失败了你还会再次去做吗？

你同意失败是一种成长经历吗？

俗话说："失败是成功之母。"是的，人的一生中经历的失败要远远多于成功。世上成就大事者，必先经历多次失败，才能成功。有一种农药叫"六六六"粉，就是在经历665次失败后，在第666次才获得成功的。经历无数次的失败后才能获得成功，这样的例子比比皆是。

拿破仑小时候同学老欺负他，他激烈反抗，每次跟同学打架，实际上都是被打，但是拿破仑不服输，你打我一次我给你打回去，打我两次我也一定追着你，打你一下我再跑。后来同学们都打烦了，说你拿破仑每次都打不过我，你平时也不练习练习，学点高招什么的。拿破仑这人很坚定地说，我总有一天会打过你，到时候你小子别跑。那哥们儿服了，说你真行。

拿破仑打着打着，声名鹊起，就打进军校了。进了军校还不忘保持光荣传统，继续打，打出新水平。可是打归打，拿破仑学习也没落下，成绩特别好，尤其是数学和历史。所以，他具备指挥官缜密的头脑和治国安邦的雄心大略。

在打败第一次反法同盟的土伦战役中，拿破仑崭露头角。他灵活运用炮兵，打退了土伦港里的英国军舰，击败了王党分子，年仅24岁的拿破仑，由炮兵破格晋升为主将，成为人类近代历史上最年轻的将军，也是军衔制度诞生以后，最年轻的将军。

校官一天没干过，少、中、上校一天没干过，直接从上尉蹦到主将去了！没料25岁那年，拿破仑将军光荣退休了，为什么呢？热月政变爆发，拿破仑被开除军籍，关了一百多天监狱，他一再写信申诉才把他给放出来。放出来之后，就让他退休了，拿破仑整天穿着一件破旧的灰色军大衣，可怜巴巴地在塞纳河边溜达，思考法国的未来。那件大衣别人穿到膝盖，他穿到脚面。

第二年，王党在巴黎发生了叛乱，24000多名叛乱分子进攻督政府，督政府的卫队不到6000人，巴勒斯找谁谁不理、叫谁谁不应，怎么办？关键时刻找不到人帮忙，巴勒斯准备放弃巴黎逃跑。这个时候有人提建议，说咱们还有一位退休老将拿破仑呢，要不把他召回来试试。拿破仑回来之后，从仓库里拖出50门大炮，对着这帮叛乱分子就轰，一下就把叛乱分子给打败了。叛乱分子琢磨这哥们儿怎么这么愣啊，在城市里面动用大炮，这可是大姑娘上花轿头一回啊。叛乱平定后，巴勒斯立刻让拿破仑重新回来服役，并提升他为少将。

第二次反法同盟组成，英国唆使奥地利进攻法国与意大利。当时拿破仑就向督政府建议，说咱们主动出兵，在意大利迎击奥军，喜酒在自个儿院里喝，仗上别人院里打。当时督政府觉得主意不错，可是咱没兵啊，咱拿什么应战啊？

拿破仑马上接茬儿说自己听说一支莱茵军团整天闲着没事儿干，不用白不用。督政府一听，不错，你用吧。拿破仑到了那儿一看，38000多人，衣衫褴褛，面黄肌瘦，除了60岁就是16岁，脑袋上没头盔，脚底下没鞋，枪不是没刺刀就是缺枪弹，要不就是没弹药。

拿破仑毫不气馁，搬过来一个弹药箱站上边演讲，要不然人家看不见他。想为祖国赢得荣誉吗？想改善饮食吗？想穿新军装吗？想发财吗？我带着你们到意大利去。这些士兵就被拿破仑煽惑起来了，在这儿几个月没发饷了，不得饿死啊，走，跟着拿破仑玩儿命去。拿破仑领着这支军队进攻意大利，欧洲的报纸上出现一幅漫画，一个大脑袋小身子的男人领着一帮叫花子进攻意大利。

结果，拿破仑出人意料地翻越了欧洲的第一高山——阿尔卑斯山。拿破仑在翻越阿尔卑斯山顶峰的时候，感叹道："阿尔卑斯山，我比你高一米六二。"

山凌绝顶我为峰，非常高兴，一下出现在奥地利军队的背后，打了奥地利一个措手不及。拿破仑因此声名鹊起，成为欧洲第一名将，当时他才27岁。

你是否也有过失败的经历？你是否有拿破仑这种不服输的精神呢？无论是在工作当中，还是生活当中，只有不服输才会赢。林肯入主白宫前，遭受过十几次竞选失败。爱迪生试遍了上万种材料，才找到了我们今天所用的灯丝。历史证明，失败不是灾难，而是成功的要素。

大多数人在回顾失败经历时，都会自责："我怎么把事情搞糟了？""我学得会吗？""我永远干不好。"这种自责往往使人们丧失再次尝试的勇气。然而要想获得成功，我们必须重新认识失败经历，不仅不因成绩不佳而自责，而且应该学会化失败为动力。

马丁·塞利格曼（Martin Seligman）在《学会乐观》（Learned Optimism）一书中，详细地描述了乐观者与悲观者看待往事的不同之处。他举例说明，悲观者把挫折看成是永久的、普遍的、人为的；乐观者则认为挫折是暂时的、偶然的、并非人为的。研究还证明，在商界，乐观者往往干得更为出色。

因为对失败的正确看法，使他们敢于不断尝试，直到能够有所突破，取得成功。

在职场当中，我们要想有所作为，就必须学会把失败看成有益的成长经历：它的前前后后，无不充满教益。

要从失败中学习经验，就要有勇气接受失败。面对失败，勇往直前，认真体验失败，才能从中获益。如果你害怕失败，不敢尝试，本应该充实、精彩、丰富的生活也会变得黯然失色。

要从失败中获益，就要摆脱安逸的生活，大胆尝试一些以前不敢做的事。要做到这一点，你不妨试试以下方法：

1. 乐于接受失败

要乐于接受失败。不管失败会造成什么样的影响，总比你不去尝试好得多。惧怕失败就会坚持固有观念，原地踏步。

2. 从小处着手

打电话或做案头工作时，不必指望一气呵成。目标可以小到仅仅十分钟，甚至是五分钟的工作。

3. 自我约束

把你的计划告诉朋友或同事，让他们来监督你完成计划，约定如果不能完成计划，给自己一定的惩罚。

4. 果断选择

问问自己："是不是另有选择？"如果没有其他选择就勇敢地去做。裹足不前会使人更痛苦，不如战胜畏惧，全身心地投入。

所谓万事开头难，无论做什么事情一开始我们都会有些担心和焦虑，这时候要振奋起来，形势越是动荡，越须振奋。最艰苦的一步已经迈出，坚持下去就会成功。

一开始的失败常常给人带来沉重的打击，然而挫折、困难正是学习的良机。只有在逆境当中坚韧不拔，才能体会到成功的快乐。

本章小结：

1. 不服输你就会赢！

2. 跌倒不可怕，只要你爬起来的次数比跌倒的次数多一次！

3. 成功永远在失败的下一次！

卓越团队的共同理念之十五
跟着走

如果有一句话对我们有用，那我们就去用吧。否则，不是知识无用，而是我们没用。因为这些东西，好像我们都是知道的，可是做起来实在是太难了。知道是没有力量的，只有行动才能创造结果。

——杨可以

第一节　执行力的重要性

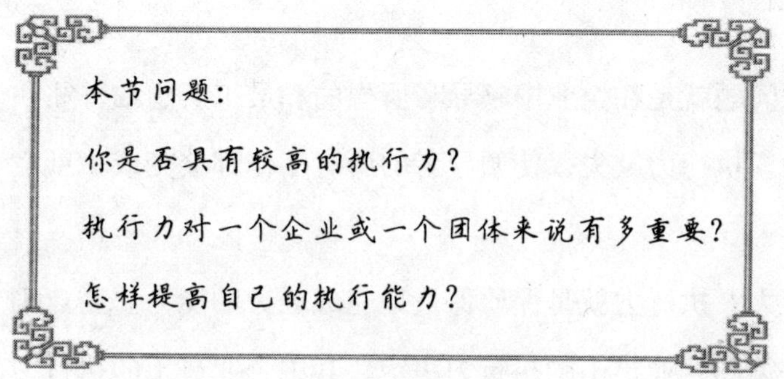

本节问题：

你是否具有较高的执行力？

执行力对一个企业或一个团体来说有多重要？

怎样提高自己的执行能力？

现今企业越来越重视员工的执行力，很多企业在招纳贤才的时候，都把执行力当做一个重要的衡量标准。

在职场当中员工的执行力是否到位，既能反映出企业的整体素质，又能反映出管理者的角色定位。管理者的角色不仅仅是制订策略和下达命令，更重要的是使员工具备执行力。所以，企业领导要学会营造企业执行力文化，使企业从上到下养成善于执行的好习惯。

一个没有执行力的人或者是团队，势必会遭受更大的麻烦。

耶稣带着他的门徒彼得远行。途中，他们发现了一块破烂的马蹄铁。

耶稣让彼得把这块马蹄铁捡起来，但彼得懒得弯腰，假装没有听见。

耶稣自己弯腰捡起了马蹄铁，用它在铁匠那儿换来3文钱，并用这些钱买了18颗樱桃。

出了城，师徒二人继续前行。他们经过的是茫茫荒野，土地干涸。耶稣猜到彼得渴得厉害，就让藏在袖子里的樱桃悄悄地掉出一颗。彼得一见樱桃，赶紧捡起来把它吃掉。

耶稣边走边“掉”樱桃，彼得也就只得费力地弯了18次腰。

耶稣笑着对彼得说：“如果一开始你能按我要求的去做，你只要开始时弯一次腰就行了，就不会在后来没完没了地弯腰了。”

彼得因为没有按照耶稣的要求去做，所以给自己带来了很大的麻烦，不得不弯腰18次。如果他一开始就能“落实”耶稣的指示，他只要弯下一次腰就行了。

这个所反映出的问题就是在企业中领导者所想的和员工所想的，往往不能得到有效的统一。执行力缺失，使领导者的所有工作都会变成一纸空文或一场空谈。

到底什么是执行力？执行力就是保质保量地完成任务的能力。企业销售额的高低由企业决策和企业员工的执行力决定，其中企业员工的执行力是关键。凡是销售业绩好的企业，其员工的执行力都非常高。所以，只有执行力高的员工才会受企业欢迎。

人在职场，怎样才能提高自己的执行力呢？实践证明个人执行力的强弱由两个因素决定：个人能力和工作态度。其中，能力是基础，态度是关键。所以，我们要提升个人执行力，一方面是要通过加强学习和实践锻炼来增强自身素质，另一方面是要端正工作态度。

那么，我们应该怎样树立积极的工作态度来提高个人的执行能力呢？

1．明确目标

首先要明白自己的目标是什么，自己要做什么，该做什么，目标明确，才能执行到位。这是我们提高执行力的基础，也是我们工作的目的。这也就是说，要知道自己所做的事情应该达到什么标准。

2. 积极进取，增强责任意识

责任心和进取心是做好一切工作的首要条件。责任心的强弱，决定执行力度的大小；进取心的强弱，决定执行效果的好坏。

因此，要提高执行力，就必须树立起强烈的责任意识和进取精神，坚决克服不思进取、得过且过的心态。把工作标准调整到最高，精神状态调整到最佳，自我要求调整到最严，认认真真、尽心尽力、不折不扣地履行自己的职责。绝不消极应付、敷衍塞责、推卸责任，养成认真负责、追求卓越的良好习惯。

3. 充分发挥主观能动性

一个人不仅要会做还要有工作的动机，即要“肯做”。充分发挥主观能动性，在接受工作后应尽一切努力、想尽一切办法把工作做好。天下大事必作于细，古今事业必成于实，作为工作人员一定要有做事情的实干精神。

要提高执行力，就必须发扬严谨务实、勤勉刻苦的精神，坚决克服夸夸其谈、评头论足的毛病。真正静下心来，从小事做起，从点滴做起。一件一件抓落实，一项一项抓成效，干一件成一件，积小胜为大胜，养成脚踏实地、埋头苦干的良好习惯。

4. 提高工作效率

“明日复明日，明日何其多。我生待明日，万事成蹉跎。”因此，要提高执行力，就必须强化时间观念和效率意识，弘扬“立即行动、马上就办”的工作理念。坚决克服工作懒散、办事拖拉的恶习。

每项工作都要立足一个“早”字，落实一个“快”字，抓紧时机、加快节奏、提高效率。做任何事都要有效地进行时间管理，时刻把握工作进度，做到争分夺秒，赶前不赶后，养成雷厉风行、干净利落的良好习惯。

5. 开拓创新，改进工作方法

改革，才有活力；创新，才有发展。在工作当中我们也需要开拓创新，改进工作方法。

在竞争日益激烈的现代职场，创新和应变能力已成为推进发展的核心要素。因此，要提高执行力，就必须具备较强的改革精神和创新能力，坚决克服无所用心、生搬硬套的问题，充分发挥主观能动性，创造性地开展工作、执行指令。在日常工作中，我们要敢于突破思维定式和传统经验的束缚，不断寻求新的思路和方法，使执行的力度更大、速度更快、效果更好。要养成勤于学习、善于思考的良好习惯。

总之，要提高自己的执行力就一定要端正态度。我们工作的意义在于把工作做好，做到位，所以，我们一定要以高标准严格要求自己跟着企业走，尽最大努力提高自己的执行力。

第二节　落实行动

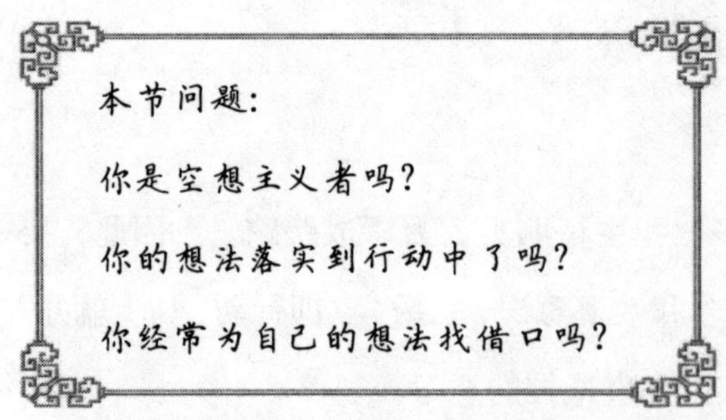

本节问题：

你是空想主义者吗？

你的想法落实到行动中了吗？

你经常为自己的想法找借口吗？

俗话说得好“做行动的巨人，语言的矮子”，一次行动胜过千万次的心想。在工作当中，我们只是“想”是不可以的，关键是要落实到行动上，尤其是在对待领导分配给我们的任务的时候，一定要跟着领导的要求走。

只有抓好落实，才能把科学决策变成实践，才能把任务变成行动，才能把美好蓝图变成现实。正如江泽民主席说过的“做出决策和制定政策，事情只是做了一半，另一半而且是更重要的一半，就是努力贯彻实施”“如果不能落实，再好的决议政策，也是一纸空文。”

两个人一道去郊区旅游，在森林中遇到了老虎。这时，甲弯腰去换旅游鞋，乙说，你换旅游鞋也没有老虎跑得快。甲说，我并不想快过老虎，只想快过你。

乙没有惊慌，脱掉鞋子爬到了树上。由于老虎不会上树，所以换上旅游鞋的甲最终被老虎吃掉了。

故事中，乙之所以没有被老虎吃掉，是因为他有上树的绝招。

在竞争的时代，任何组织、任何组织成员要想在激烈的国际竞争中不被老虎吃掉，永远立于不败之地，都必须有绝招。“落实”，就是一个有效的绝招。

为什么沃尔玛公司能成为全球零售业的龙头？为什么海尔集团公司能跻身世界500强？为什么北京的中国人民大学附属中学能在国内中学中处于领先地位？答案是“落实”。因为落实，他们有了超越竞争对手的内在能力，这种能力就是竞争力。

中国人民大学附属中学的校长刘彭芝曾经说过这样一段话：“校长抓工作，着眼点和着力点均应放在两头。一头是事前出思路、做计划、定目标，另一头就是事后检查抓落实。奋始怠终，修业之戒；抓而不实，等于不抓。抓落实，是务实的重要体现，是当好校长的重要条件。世界名校是干出来的，不是

说出来的。”

正是基于这样的认识，在1997年6月，人大附中确立了“国内领先，国际一流，创世界名校”的发展目标，并围绕这个目标统一思想后，刘彭芝校长就把全部精力用在了抓落实上。

刘彭芝担任了人大附中的校长之后，她首先考虑的就是领导班子的建设。她说：“一张蓝图干到底，关键因素在于人。我最为关注的是如何为人大附中打造一颗奔腾不息的‘芯’，以把创办世界一流学校变成创办百年不衰的世界一流学校。”

1998年，人大附中的校级干部平均年龄52.4岁，本科以上学历者仅占40%。

到2004年，人大附中领导班子的结构已经彻底改观：平均年龄由1998年的52.4岁降为45岁。本科以上学历由1998年的40%上升为100%，其中研究生以上学历占33.3%，博士和硕士各为16.7%。

其中中学高级教师以上专业技术职称者为100%，教授和特级教师占66.7%。

这从一个侧面让我们看到了人大附中的领导班子建设工作得到了有效的落实。也正是因为有了这一强有力的领导班子，才使得人大附中正在逐步实现他们的发展目标。

当然不是每个人都要做校长，做领导，作为普通的员工而言，同样也离不开“落实”，因为工作落实不到位就无法达到预期的目标，执行力就无从体现。

然而，职场当中有很多人只想不做。想法很好，但是每每都会为不行动找到很多借口，这是由于：

第一，患得患失，想要成功，但又害怕行动失败。或者是害怕付出了得不到收获，不肯付出一点超长的努力。最终在患得患失中随波逐流，延误工作。

第二，从心里畏惧困难，在行动之前，过分关注成功和失败的可能性以及失败后的不利影响，从而不敢“贸然行事”。其实，我们不需要过分地担心行动的后果，而是要把精力运用到如何行动上。我们要一鼓作气，不能因噎废食。许多人在现实生活中，就是因为过分求全责备，过于追求“万无一失”，结果不是时机被耽搁，就是自己吓死自己。

第三，习惯上的拖拉性。很多人之所以最终没有成功，不是因为没有计划，而是过分迷信计划，忽略执行，最终成为教条主义和书本主义。

能够跟着领导的要求走，把工作落实到位的员工应该是积极主动的员工，只有这样的员工才能不断提高自己的工作能力，工作业绩也会不断地提高。所以，我们要做一个“跟着走”的积极主动的员工。

首先，我们要主动熟悉公司的一切。熟悉公司的一切是做好工作的基础。它主要包括公司目标、使命、组织结构、销售方式、经营方针、工作作风……主动使自己像老板一样了解所在的公司，可让你在今后的工作过程中采取的行动更准确，效果更出色。

其次，积极主动地跟着公司的要求走。如果你习惯了被督促着前行，就会从思想上缺乏工作积极性而降低工作效率。还会养成敷衍了事的习惯。一个人一旦被这些不良习惯左右，任何时候他都不会积极主动去做事。即使是领导交代甚至是一再交代的工作，他也会想方设法去拖延、敷衍，这样下去后果可以想象。

再次，工作的时间不要让自己闲着。即使自己分内的工作已经完成，也不要让自己闲着，主动找点事情做，你就能更加完善自己，在工作中提高自己的工作能力。优秀的员工每当完成一项工作时，总去翻工作日记，问自己是否所有的目标都已达到、有什么项目需要加上去、还需要向别人学习什么，以使自己的工作能力得到扩大和充实。总之在任何闲暇的时候主动处之，你就能争取到更多的机会，不断提高自己的经验和能力。

如果工作目标已经达到，就要主动做些分外的事情。职场当中很多成功者不仅积极主动地完成分内的工作，还主动承担自己工作以外的责任。

最后，主动建议。如果你的领导或同事处理事务的工作效率不高，而他们本人又没有其他更好的办法，这时，如果你有更好的主意，就应该主动地提出来。主动提出合理化的建议，不但可以为你赢得好人缘，更有利于你与同事的合作，提高工作效率，进而推动整个组织绩效的提高。要做到这一点，你平时除了关注自己的工作之外，还要了解和研究其他环节的工作，主动关注整个部门的工作，在需要的时候积极地提出自己的意见，从而提高整个部门的工作效率。

积极主动是员工的优秀品质，一个人要想在工作当中取得骄人的成绩，就要积极主动地跟着领导的吩咐走，保质保量地完成上级分给的任务，并把它变成自己的一种思维方式和行为习惯。

第三节　制度人人要遵守

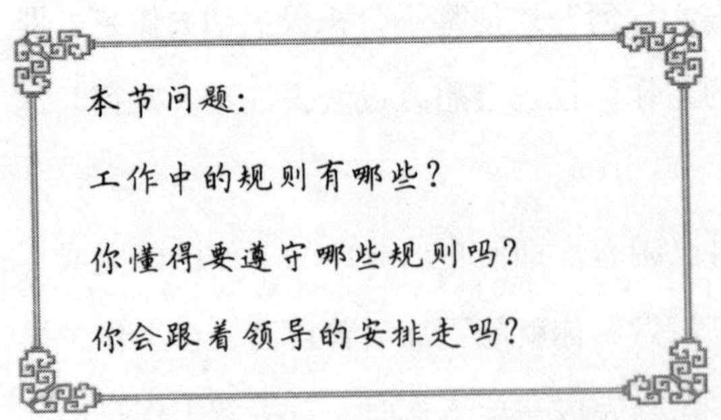

本节问题：

工作中的规则有哪些？

你懂得要遵守哪些规则吗？

你会跟着领导的安排走吗？

国有国法，家有家规，公司也有公司的规则制度，有句话叫“人在江湖，身不由己”，其实，人在职场也不能由己，我们不但要遵循公司的规章制度，跟着公司的要求走，还要遵守一些职场规则。

所谓无规矩不成方圆，不管员工喜欢不喜欢，任何公司都有它的一套切实可行的管理制度，遵守制度是员工起码的职业道德。不仅是在工作当中，在生活当中我们也要遵守一定的规则。

曾有一名中国留学生为了验证德国人的刻板，在相邻的两个电话亭上分别贴上了男、女两个标志。结果令中国学生惊奇的是，德国人都十分规矩地按自己的性别走到各相对应的电话亭里。有时“男”电话亭这边人多，已经排起长队，而“女”电话亭是空闲的，却没有一个男人过去，后来他们发现连德国的教授也排在“男”电话亭的队伍里，中国学生便围上去问他们为何不到空着的“女”电话亭里去打？德国教授耸耸肩膀：“无论是学生还是教授，制度是人人都要遵守的。”

这也许就是我们德中两国非常具有代表性的文化差异之一。在日常生活中，我们经常会看到很多中国人有章不循、有纪不守、自由散漫、各行其是的例子。比方说大量存在的闯红灯现象。为什么会闯红灯？不是道理不懂，原因有三：其一，是心存侥幸心理，认为自己能够避免危险；其二，就是从众心理，看到别人大量的闯红灯，没有任何事情，自己也就跟着干了；其三，就是道路管理部门管制不严，处罚不力。中国自古就有大丈夫不拘小节的传统，我们的社会意识也对于闯红灯这样的事情见怪不怪，恰恰就在这样的小节上，显现出我们的民族素质与其他民族的差距。

在我们中国的工厂中，也不乏好的规章制度，但是，却经常得不到很好的贯彻执行。比方，在生产现场不戴安全帽、在吊装重活时不使用相应规格的吊装器具、在质量问题上不能够做到始终如一地按原则办事……这样做的结果，就是我们无法做到安全100%的保证，产品100%的合格，进而影响人身安全，影响产品质量，影响企业的信誉，造成个人身体遭受伤害或企业利润的损失。

由以上的例子可见，无论是在生活中还是在工作中不遵守规章制度是不对的，不遵守规则不但会造成一些混乱，还会损人害己。

如今，我国的企业和公司都在向制度化管理过渡。在这样的一个时期，规章制度的重要性不言而喻。对于每一位公司的员工来说，严格遵守企业规章制度是具有职业精神的表现。规章制度是公司正常运转的保证，公司的每一个部门都要制定相应的规章制度，以保证本部门顺利高效地完成任务，从而保证整个公司目标的达成。作为公司的一员，不管你是领导还是普通员工，都要遵守企业规章制度。制度面前人人平等，只有这样，才能提升个人的职业素质，企业才能做大做强。

作为一名优秀的员工，除了遵守公司制定的一些规章制度外，我们还要学会遵守以下规则：

1. 保护公司的利益

作为公司员工保守公司的商业机密是最基本的职责，哪些该说，哪些不该说，哪些该知道，哪些不该知道，心里应该清楚。你在企业里工作，公司给你发工资，你就有责任保护公司的利益，这是每一位员工必须清楚的道理，由于员工的某些行为损害了公司的利益，那么员工自己的利益也必将受到影响。就算是离开了一家公司，也不能把这家公司的机密泄露出去，这是做人的最基本原则，也是我们应该恪守的职业道德。

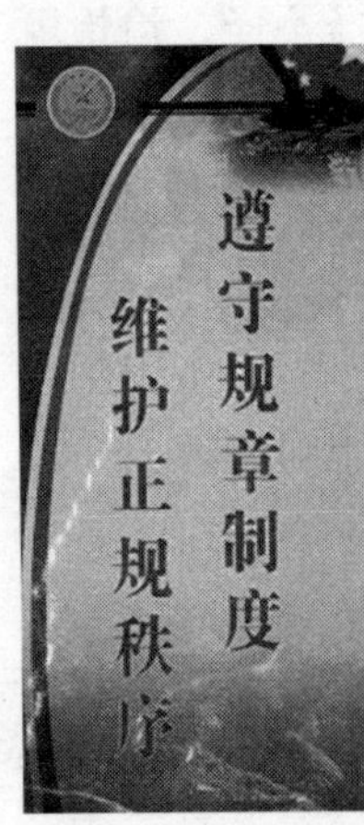

2. 尊重和服从领导

一个组织，如果没有一个领导核心就会像一盘散沙，更谈不上工作效率。所以，为了保证工作的正常开展，在一个组织或团队当中，必须有领导和下属之分。领导开展工作，是必须要掌握一定的资源和权力的。对于下属来说，如何在资源允许的情况下，配合上级领导共同完成团队或组织和自己的工作是首要的任务。在一个团队或组织中，下属尊敬和服从领导也是确保一个团队或组织能够完成目标的重要条件。但是如果作为员工，不能站在团队或组织的高度来思考问题，而只是站在自己的角度去处处找上级的麻烦，甚至恃才傲物，对领导处处责难，不服从管理，那么这样的员工很难在一个团队或组织里生存，更不要谈发展。既然你是下属，对领导就要绝对地服从，这种绝对，是工作上的事情。当然，在你服从之前，你有权利提出你的意见，如果领导不采用，那是他决策性的问题。你的任务是执行，而不是反抗。

3．做好本职工作

作为一名企业员工，首先要做好自己的本职工作，在做好本职工作的前提下，再考虑其他事情，操心太多只会影响自己的本职工作，到头来哪个都做不好。

如果你的工作暂时还不能达到上级的要求，一定要及时和上级进行沟通，要让他知道你的工作进度以及努力方向。

在实际工作中，有的工作需要一段时间才能完成，在短时期内或许看不到成效。这时候就要多和领导沟通，让他知道你是在努力工作，并要让他知道你的工作进度和计划以及就要取得的成绩。如果你这样做了，领导一般不会去责备你，而且他还会利用他所掌握的资源给你提供一些帮助或建议，这就有助于提高你的工作效率。很多人在接受任务时，总是很“爽快”的接受或者答应。但到最后，发现自己太爽快了，任务完成不了。一直到上司催交作业时才吞吞吐吐地说：“我还没有做完呢！”上司把希望寄托在你身上，结果等来的是失望还有耽误工作，后果可想而知。所以，无论你做成怎样，过程要及时汇报。做好项目进度表，有利于你顺利完成工作。

4. 不要公开与公司对抗

作为一个员工，在一个团队或组织里，受到委屈甚至不公平的对待都是正常的。在遇到委屈或不公正的待遇时，员工可以选择通过一定的程序和方式提出，甚至可以选择到相关的执法部门寻求帮助。切忌采取煽动同事公开与团队或组织进行对抗的方式来解决问题。无论在遇到了什么事情，带头闹事的员工都不会得到公司的宽恕。如果你的行动影响到了一个组织的正常运转，甚至还可能触犯法律。所以，煽动同事闹事只能把自己推到一个更加不利的境地。团队最怕有不和谐、不稳定因素。遇到这样的刺头，如果不能平息处理，那只好忍痛割爱，斩草除根。

遵守以上规则，跟着领导的安排走，无论遇到什么事情你都能够得到团队的支持，否则不但无法取得成功，还会受到一定的处分。

本章结论：

1. 跟着公司走——不断学习和提高，跟上企业的发展。

2. 跟着领导走——忠诚、服从、努力做出良好业绩。

3. 跟着成功人士走——学习其神韵、理念、智慧和技能。

卓越团队的共同理念之十六
听话照做

服从是一种能力，我们强调听话照做，并不是要磨平员工的斗志和创造性，而是要求员工在企业的运营轨道上做好本职工作。

——杨可以

第一节　做一名听话的员工

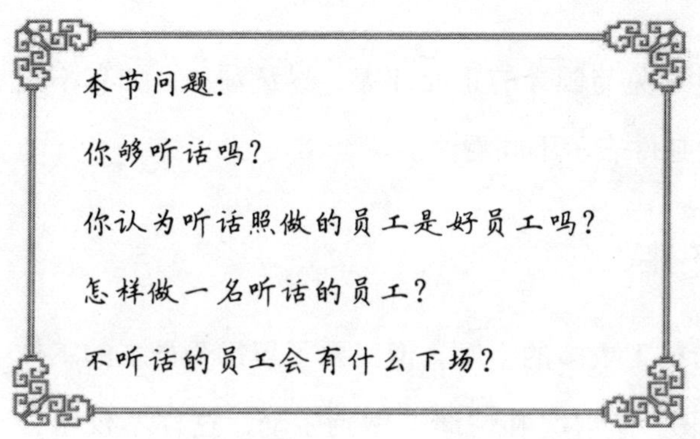

本节问题：

你够听话吗？

你认为听话照做的员工是好员工吗？

怎样做一名听话的员工？

不听话的员工会有什么下场？

有人说在职场当中听话是一种能力，服从是一种天职。因为在任何一个组织当中，员工要想获得成功，除了自身的努力外，还得有领导的支持，所以在日常工作当中不能显得过于活跃和激进。三国时期的杨修因恃才放旷被曹操杀害的故事大家都已经知道了，所以要引以为戒。另外，我们可以站在领导的角度思考一下这个问题。即使你很有能力、很有创意，可你就是不接受指示、管理，说的直接点就是不听话，结果是可想而知的。

小李是一家家具集团的员工，老板经常在会议上强调“少说多做，听话出活”。小李很听话，对于领导的指示，从来都是听话照做，她入职以来家具集团一步步变化，她也跟着它的脚步，多干活，完成领导交给的任务，不管在哪一个岗位，都不放松一丝一毫！正是本着这种精神，几年以来，有很多人进入这家家具集团，也有很多人离开。但她一如既往地在这个环境里努力着，因为她相信，只要她努力，只要她付出，只要她为领导分忧解难，只要她为公司尽力，她就会得到成长，得到领导的认可，得到公司的信任，得到人生中最宝贵的经历！风风雨雨过后，证实了小李的初衷，也证实了做一个听话的员工是在职场中生存的一件法宝！

听话照做是一名员工的优秀品质，但是这并不是说要盲目顺从，而是要讲究一定的技巧。

1. 不要与领导发生正面冲突

我们在日常工作中尽量避免与领导的正面冲突，尽量顺从，如有不同意见，私下里找机会或者发邮件表示不同看法。

2. 定期向领导汇报工作

每个管理人员都希望给员工更多的空间，但又要了解每个员工的工作情况，所以定期向领导汇报工作情况和情绪，做到主动，这样不仅给自己留了空间，也与领导进行了工作沟通，以便领导做出准确的下一步行动判断。

3. 不抱怨

接受领导交付的任务不要问太多细节。拿到任务先进行分析，再拟一套作战方案，遇到问题后自己先想办法解决，解决不了再找上级领导，不要向领导抱怨太多主观因素。

做一名听话的员工，凡事要落实、求具体、求深入、求细致、求效率、求质量。

一老板叫一员工去买下复印纸。员工就去了，买了三张复印纸回来。老板大叫，三张复印纸，怎么够，我至少要三摞。员工第二天就去买了三摞复印纸回来。老板一看，又叫，你怎么买了 B5 的，我要的是 A4 的。

员工过了几天，买了三摞 A4 的复印纸回来，老板骂道：怎么买了一个星期才买好？员工回：你又没有说什么时候要。

员工跑了三趟，老板气了三次。老板会摇头叹道，员工执行力太差了！员工心里会说，老板能力欠缺，连个任务都交代不清楚，只会支使下属白忙活！

问题出在哪儿呢？员工为什么不能做上司的替身，站在上司的角度想这个简单的问题。去买复印纸之前，应该就去相关部门了解一下平时都用什么类型的纸，一般一次采购多少，然后再行动。

由上面的故事可以看出听话照做需要有一定的听话能力。在职场当中为了让自己更会“听话”，我们要注意提高以下听话的能力：

第一，培养“听话”的注意力。在听领导交代事情的时候，一定要心无旁骛，排除一切干扰。可以用这样的方法来训练：确定好要记住的内容，同时打开两台以上的收音机，播放不同内容，记住并复述事先确定好的要记住的内容。

第二，培养“听话”时的理解力。上司发话，一定要听清楚再执行，避免听话不听音。可用这样的方法：找朋友闲聊，但要有意识地锻炼自己的理解力。

第三，培养“听话”时的记忆力。学会边听边归纳内容要点，记住关键性词语以及重要的事实和数据。

第四，培养“听话”时的辨析力。即迅速分辨出争论各方的不同观点和逻辑关系，并加以评析。

第五，培养 “听话”时的灵敏力。即能很好地在各种场合与各种对象交谈。

不听话的员工，在一个公司里几乎是没有什么好的发展空间的。即使你很有才，不听话，最多是被“利用”，而不可能得到重用。

另外，听话和有能力，实际上应当相辅相成。一个只知道执行不知道思考的员工，很容易钻进牛角尖；而一个只知道思考，不注重执行的员工，则很容易“脱轨”。事实证明，听话为先，能力兼备的员工，才能在职场之路上越走越远。

第二节　职场服从之道

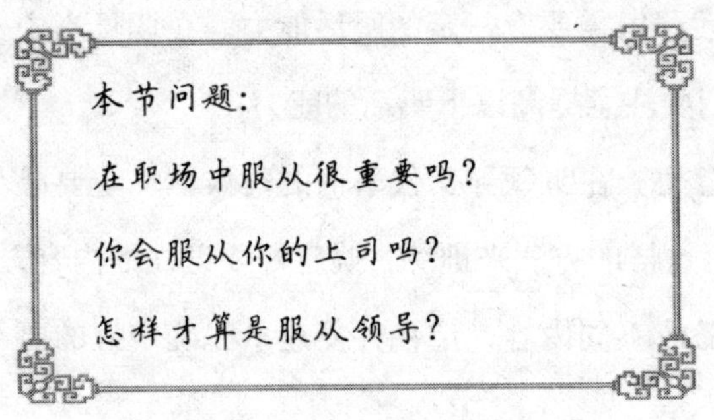

本节问题：

在职场中服从很重要吗？

你会服从你的上司吗？

怎样才算是服从领导？

长期以来我们都在喊“团结就是力量”，而《服从就是力量》这本书给出一个全新的观念。字典上说，服从就是遵照、听从，也就是遵从指令做事。服从除了是军人的天职以外，也是任何团体或者组织产生力量的源泉。

在《服从就是力量》一书中讲道：一个人从出生开始就和“服从”这两个字分不开。小时候要服从父母，上学要服从老师，工作要服从上级。可以说服从是做人的美德和事业的根基，学会服从，才能选准自己的道路；也只有服从，才能保证在正确的道路上顺利前进。

在美国，培养了众多政商界领袖的西点军校认为服从是一种美德。在西点军校，即使是立场最自由的旁观者，都相信一个观念，那就是“不管叫你做什么都照做不误”，这样的观念就是服从的观念。西点人认为，军人职业必须以服从为第一要义，学不会服从，不养成服从的观念，就不能在军队中立足。

除了部队，服从的观念在任何团队都适用。每一个人都必须服从上级的安排，就如同每一个军人都必须服从上级的指挥一样。大到一个国家、军队，小到一个企业、部门，其成败很大程度上都取决于是否完美地贯彻了服从的观念。

现在，公司领导常常用员工听不听话来判断一个员工的好坏，实际上，听话也就是指的服从，也就是说是否将领导的话付诸行动。现在职场上很流行的一个词叫作“执行力”，其实讲的就是服从。

卡内基是某公司最年轻的职员之一，工作非常勤奋，但和其他职员相比仍略显稚嫩。由于业务增多，公司准备开拓一个新市场，但新市场的负责人迟迟未能确定下来。

新市场选定在一个非常偏僻的地方，而在这样的地方开辟市场是一件相当困难的事。因此没有一个人愿意接受这个艰巨的任务，生怕徒劳无功。公司物色了很多人选，但统统被他们以各种理由推托了，无奈之下，公司的负责人只好退而选其次，派默默无闻的卡内基去执行这项任务。

卡内基接到通知时没有任何怨言，带着公司生产的产品样本就出发了。经过三个月的努力，卡内基终于在那个人人都觉得产品很难有销路的地方使公司的产品站稳了脚跟，还预言那里的市场有更大的发展潜力。当卡内基把这个令人振奋的消息带回公司时，人们惊奇地问他是如何看到那里的开发潜力的。卡内基浅浅一笑说：“其实在出发时我也没有信心，而且觉得你们的观点是正确的，但我必须服从公司的安排。到那里后，我知道我必须全力以赴地去执行我的任务，结果我成功了。”

成功只青睐勇敢战胜困难的人，懦弱的人永远不可能成功。遇到困难就停滞不前甚至拒绝面对的人是不会成功的。困难就像弹簧，你弱它就强。所以，无论任务有多么艰巨，我们都不应该妥协，只要勇敢地去克服，成功就在不远处等着我们。

服从，是指受到他人或者规范的压力，个体发生符合他人或规范要求的行为。真正的服从应该是无条件的服从，是没有任何借口的服从，只有这样才能产生惊人的力量。一个企业要发展，就要求员工必须坚决服从企业的安排，拖沓、不负责任的员工可能给企业带来巨大的损失。服从是员工的天职，是员工应该具备的素质之一。服从上级安排是员工的第一美德，是工作中的行为准则，是锻炼工作能力的基础。同时，服从也是工作的推进剂，能给人的行动催生无穷的勇气，激发人的潜力。员工只有具备了这种服从精神，才能提高自己的执行能力。很明显，卡内基做到了。

作为员工，应该无条件地服从公司的安排，无论遇到什么困难都绝不找任何借口推托或搪塞，这是取得成就的前提和基础。

在公司领导眼中最好的员工是不找借口、服从命令并能执行的人。其实服从是一种素质，是具有责任感的表现。所以，我们一定要遵循好员工的标准，做事认真负责，对领导完全服从。但是，据统计能够做到服从领导的安排，听话照做的人不超过10%。服从命令是天职，是下属应尽的本分，服从命令也是使工作顺利进行的保证。所以，在职场当中每个员工都应该学会服从，这是工作成绩卓越的第一步。

古今中外，下级服从上级的命令天经地义。但是，在现实生活中，桀骜不驯的“刺头”却不乏其人，不管承认不承认每一个人都有过内心冲撞、反抗上司的想法。

反抗是人的一种正常心理反应，但是我们不能由着自己的性子来，否则就要付出代价。即使，你的反抗很具有权威性，使得领导不得不屈服于你，但是表面上看你成功了，实际上你败得很惨，

历史上很多恃才傲物的人都没有好下场，所以，我们要克制自己的情绪，谨记服从命令的要义。

俗话说得好“恭敬不如从命”，这句老话就是在告诫后人：对权比自己高、位比自己重的人，不管你愿不愿意，服从是第一位的。

一个团队要想使工作顺利进行，下级就必须服从上级的安排，在保持正常工作关系的前提下，上下级融洽相处。

作为下级，应牢固树立起尊重上级、服从上级的意识，即便上级在某些方面不如自己，也要给予应有的尊重。上级领导由于居于把握全局的地位，掌握全盘情况，一般来说，考虑问题比较周全，作指示都能够从大局出发。

在职场中个人利益和集体利益是紧密相连的。维护集体利益，实际上也就维护了个人利益。当然，集体利益和个人利益也会有发生矛盾冲突的时候，在这种情况下，下属如果能做出与上司意图趋于一致或基本接近的可行性方案，使得上司指示的执行和个人利益两不误，那是再好不过了；但如果二者无法兼顾，那么，也要牺牲个人利益，顾全集体利益，无条件地服从上司指示，这才是明智之举。

军令如山，在职场当中同样适用。服从是一种习惯，一份义务，更是一种甘于进步的姿态。每一个职场中的人都要有服从命令的心态，超越自我内心的障碍，心情坦然地接受命令。

第三节　培养服从意识

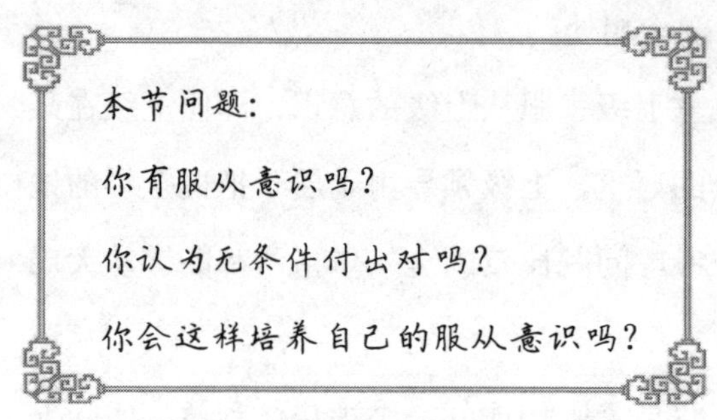

古今中外军人就是以服从命令为天职。军队非常重视对新战士服从意识的培养，从入伍第一天开始，就在日常生活和训练中培养军人的服从意识。公司和军队同样是一个有组织的团队。服从命令是军人的职责，服从管理则应该是公司员工的第一美德，它同样也是广大员工取得成就的必备条件。所以，无论是在工作当中，还是在生活当中，我们都要注意培养服从意识。

在一个火车站，一个扳道工正走向自己的岗位，去为一列徐徐而来的火车扳动道岔。这时在铁轨的另一头，还有一列火车从相反的方向驶进车站。假如他不及时扳岔，两列火车必定相撞。

这时，他无意中回过头一看，发现自己的儿子正在铁轨那一端玩耍，而那列开始进站的火车就行驶在这条铁轨上。是抢救儿子，还是扳道避免一场灾难——他可以选择的时间太少了。那一刻，他威严地朝儿子喊了声“卧倒！”

同时，冲过去扳动了道岔。

一眨眼的工夫，这列火车进入了预定的轨道。

车上的旅客丝毫不知道，他们的生命曾经千钧一发，他们也丝毫不知道，一个小生命卧倒在铁轨边上——火车在轰鸣着驶过，孩子丝毫未伤。那一幕刚好被一个从此经过的记者摄入镜头中。

人们猜测，那个扳道工一定是位非常优秀的人。

后来，人们才渐渐知道，那个扳道工是一个普普通通的人。

他唯一的优点就是忠于职守，没误工过一秒钟。

而更让人意想不到的是，他的儿子是一个弱智儿童。

他告诉记者，他曾一遍一遍地对儿子这样说："你长大后能干的工作太少了，你必须有一样是出色的。"

儿子听不懂父亲的话，依然傻乎乎的，但在生命攸关的那一秒钟，他却"卧倒"了——这就是他在跟父亲玩打仗游戏时，唯一听懂、并做得最出色的动作。

故事中的"儿子"虽然智力不全，但是他懂得服从，并且因此救了自己一命。在职场当中，也只有具有服从意识，懂得服从的人才能走得更久远。

一个合格的工作人员对待上级布置的工作是"先服从，再理解"，用以体现他们的服从意识。智者认为：人的自觉性是有限的，因此团队中有了"官"的称呼就更加能让人理解了，企业中的管理者也往往被一些人冠以"官"的称谓。管理学说：管理者就是通过他人完成共同目标的人。在企业中，一些特定的制度或工作的贯彻是需要有企业的管理者"发号施令"来完成的，因此，企业也一再地强调：服从。服从意识最初来自军队，在美国的西点军校，有一个广为传诵的悠久传统，学员遇到军官问话时，只能有四种回答："报告长官，是"，"报告长官，不是"，"报告长官，不知道”，“报告长官，没有任何借口。”除此以外，不能多说一个字。

这个传统推崇的是绝对服从的理念。“服从”是美国西点军校200年来奉行的最重要的行为准则，是西点军校传授给每一位新生的第一个理念。它强化的是每一位学员想尽办法去完成任何一项任务，而不是为没有完成任务去寻找借口，哪怕是看似合理的借口。秉承这一理念，无数西点毕业生在人生的各个领域取得了非凡的成就。

西点军校培养军人的服从意识同样适用于职场当中，作为员工服从上司也是一种行为准则。

那么，在职场当中怎样培养自己的服从意识呢?

首先，对上司发出的命令要充分信服，在此基础上充分理解上司的意图，明确自己的任务。如果你不能做到这一点，你就不能完全服从上司的命令，即使你勉强接受了，也会心怀抵触。

其次，要尊重上司和其决定。任何一个上司能坐上领导的位子，都有其过人之处。他们丰富的工作经验和待人处事的方略，都是值得员工学习和借鉴的，因此应该得到员工的尊重。

作为一个下属，想要培养自己的服从意识，必须学会尊重上司的决定。不管你职位多高，你都不能忘记一点：你的工作是协助上司完成经营决策，而不是制定决策。绝大多数上司都是行业的前辈，以他们的经验和知识为基础，上司犯错的概率一般比下属低。有时看上去是上司错了，可结果证明上司是对的情况并不少见，因为上司和你站的角度不同，思考问题的方法不一样，和你自然会存在差异。因此，上司的决定，即使不尽如你意，甚至和你的意见完全相悖时，你也得低下头来，无条件地顺从。

再次，把服从当成一种美德。不要以为服从别人的命令就显得你没有能力，相反，它是一个员工识大体、顾大局的表现。有些人认为一些企业在员工入职之初就要进行种种培训，学习并且认同企业的文化，严格遵守企业的各项规章制度是多此一举，并且极不用心地参加这样的培训，这种观念是错误的，任何人不经培训就不能很好地融入公司，进入一个新的公司，你就必须从零开始，首先要学会的就是服从于你的上司，服从于你的领导。

最后，不要找任何理由。如果你在为一个公司工作，你应该时刻提醒自己，你必须服从于这个公司，无论什么时候，你都应该主动、积极地去完成上司交给你的任务，不要给自己任何借口和推卸责任的理由，上司要的是结果，不是你再三解释原因。

对一个团队来说，优秀的人才重要，正确的战略重要，完美的制度和严明的纪律也重要，但这些都是先决条件，只有团队所有成员顾全大局，服从总体管理，才能把这一切资源、力量整合起来，才能把战略变成现实，所以我们一定要先培养自己的服从意识。

本章小结：

1. 服从领导是一种职业道德！

2. 听话照做是职场人士必备的素质！

3. 无条件服从领导是职场真理！

卓越团队的共同理念之十七
铁定成功

扩张中不忘谨慎，谨慎中不忘扩张。我讲求的是在稳健与进取中取得平衡。船要行得快，但面对风浪一定要挨得住。

——杨可以

第一节　决心决定成功

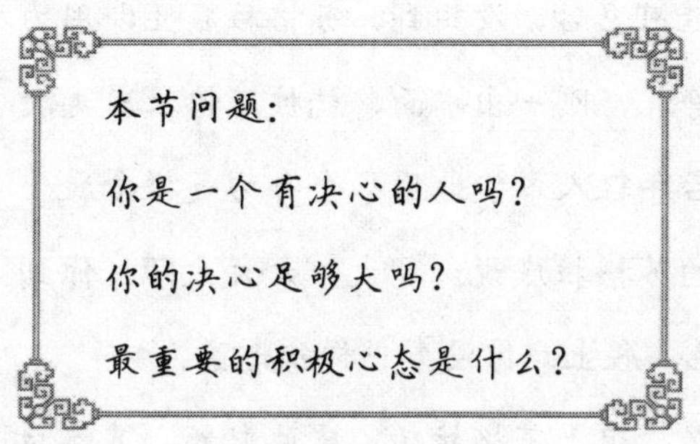

本节问题：

你是一个有决心的人吗？

你的决心足够大吗？

最重要的积极心态是什么？

决心是一种最重要的积极心态。决定我们命运的是个人的决心，而不是环境。马云，曾说过自己其貌不扬，不过他会在自己集团的年度晚会上，放下身段反串成白雪公主逗大家开心，很多人都说他笼络员工这招相当高明，而他在工作上勇往直前的态度，对事业的决心，还被网友形容成是意志坚定的唐三藏。正是马云有成功的决心，才成就了他事业的高度。

有志者，事竟成，破釜沉舟，百二秦关终属楚；苦心人，天不负，卧薪尝胆，三千越甲可吞吴。一个人只要是下定了决心，什么困难都不怕，什么事情都能做成，因为决心决定成功。

秦朝末年，诸路义军云集讨伐秦军，但慑于秦军强大，不敢进攻，只有项羽挺身而出，引兵东渡，并且在渡河后，破其釜，沉其舟，连住宿的草棚子都烧掉了。士兵带了日粮，以示无生还的决心。这样，断绝了楚军的退路，向后退，必定死路一条；往前冲，倒有可能杀出一条血路。楚军在决心拼一死战的激励下，士气大振，人人奋勇，结果是败章邯，掳王离，大破秦军。

可见成功不在于你拥有的资源多么丰富，你的条件多么优越，而在于你的决心有多大。只要你的决心足够大，即使你处于劣势一样可以成功。

一个人究竟能否获得成功，这就要看你的成功欲望有多大。

有一位年轻人，想向大哲学家苏格拉底求学。有一天，苏格拉底将他带到一条小河边，自己“扑通”一下跳到河里去了。随后向年轻人招手让他一起下来。当年轻人稀里糊涂跳进河里后，没想到，苏格拉底立即用力将他的脑袋按进水里。年轻人用力挣扎，刚一出水面，就被苏格拉底再次用更大的力气按进水里。反复数次后年轻人本能地用尽全身力气拼命爬上岸。惊魂未定之余，指着还在水里的苏格拉底说：“大，大大大师，你到底想干什么？”苏格拉底理都没理他，爬上岸像没事一样就走了。

突然间年轻人似乎思索到些什么，追上苏格拉底，虔诚求教。苏格拉底站定下来，对他讲了一句著名的话：年轻人，如果你想向我学知识的话，你就必须有强烈的求知欲望，就像你有强烈的求生欲望一样！

追求成功亦是如此。要想成功，我们必须先有强烈的成功欲望，就像我们有强烈的求生欲望一样。

成功来源于我要。我要，我就能；我一定要，我就一定能行。是决心，而不是环境在决定我们的命运。只有决心，才最终决定我们的成功。

人类因梦想而伟大，只要有梦想，有目标，肯学习，肯付出，像运动场上的健儿，只要有1%的希望就做出100%的努力，你就一定会成功。只有奋斗的人生才是有希望的人生，只有奋斗的人生才是怡然自得的人生。

在我们的日常工作中，很多事情能成功的概率都不是很大，在成与不成之间的居多。面对成与不成之间的可能事

项，有没有决心和勇气，是决定成败的关键因素。如果你的决心足够大，勇气足够强，那么成功的希望就足够大。在职场中获得成功机会的情况和这类似。能力的差异往往只是决定机会的一个方面，另一个重要的方面是决心和勇气。尤其是能力差异不显著时，谁的决心大、勇气足，谁就会多些机会。因为，领导在决定把机会给谁的时候往往要看这个人的决心是否足够大。

那么怎样才能知道自己的决心有多大呢？衡量决心最简单的方法就是问自己：究竟是“想成功”，还是“一定要成功”？“想”与“要”仅一字之差，但结果却有天壤之别。世界上大多数渴望成功的人，就是因为这一字之差而没有成功。“想”，是随意的、想当然的、盲目的和非现实的。它至多只是一种向往或一种侥幸心理。“想”成功者，其目标要么游移不定，要么好高骛远，不着边际，因而很难整合现有资源，很难有计划、有方法；要么迟迟不动，要么行动不坚决、不彻底、不持久，一遇挫折，立即为自己找个“本来就是想想而已”的借口，下台了事。而“要”则全然不同，它是明确的，有目的和现实的。“要”才会检讨自己，改变自己，创造条件，适应环境要求。“一定要”，才能获得深刻的驱动力，而不顾任何艰难险阻，义无反顾，锲而不舍，持之以恒。虽说成功的欲望与生俱来，但无情的现实已把它打入潜意识深处的“冷宫”。

每个人都有成功的欲望，但我们想要成功的时候就要立即下定决心。牛顿第一定理说，物体具有保持原来运动状态的性质，即惯性；人也是一样，具有安于现状的倾向，即惰性。要重新唤醒成功的欲望，从潜意识上升到显意识，就得下“一定要成功”的决心。不但要下决心！还要下大决心！决心越大成功就越大，决心越小成功也就越小；当决心越大的时候困难就越小，成功就越简单，所以我们必须有大决定，下大决心，才能大成功！永远告诉自己，成功已成定局，所有的坎坷只是过程而已！

第二节　打开封闭的心门

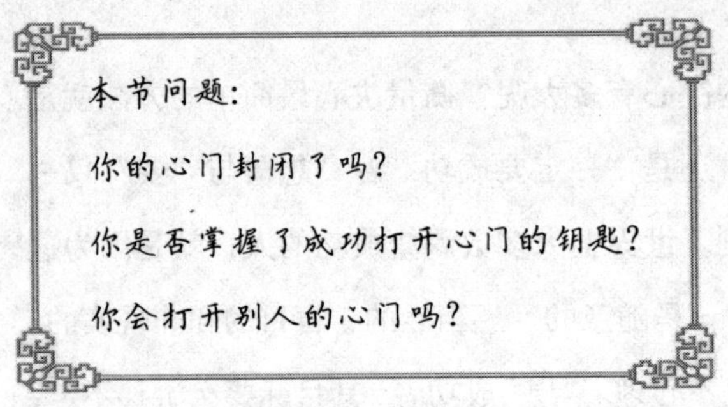
本节问题：

你的心门封闭了吗？

你是否掌握了成功打开心门的钥匙？

你会打开别人的心门吗？

每个人的内心都有一扇可以由内向外开的门，如果你不愿意打开这扇门，不论外面的人如何动之以情，晓之以理，它都不会打开。

有个故事说有兄弟二人，年龄不过四五岁，由于卧室的窗户整天都是密闭着，他们认为屋内太阴暗，看见外面灿烂的阳光，觉得十分羡慕。兄弟俩就商量说：“我们可以一起把外面的阳光扫一点进来。”于是，兄弟二人拿着扫帚和畚箕，到阳台上去扫阳光。等到他们把畚箕搬到房间里的时候，里面的阳光就没有了。这样一而再，再而三地扫了许多次，屋内还是一点阳光都没有。正在厨房忙碌的妈妈看见他们奇怪的举动，问道：“你们在做什么？”他们回答说：“房间太暗了，我们要扫点阳光进来。”妈妈笑道：“只要把窗户打开，阳光自然会进来，何必去扫呢？”

同样地，只要我们把封闭的心门敞开，成功的阳光就能够把失败的黑暗驱散。

《六祖坛经》里有这样一段故事：

六祖惠能昔日在广州法性寺。当时印宗法师正在讲《涅经》。突然一阵风吹来，风幡飘动。一位僧人说是风动，另一位僧人却说明明是幡动，两人争执不下。惠能见了说：“不是风动，不是幡动，人心自动。”众皆惊讶。

外物只有通过我们的内心才起作用。不论是风动还是幡动，如果你的内心不动，它就不会对你有影响。

佛家说：“心魔即魔，心佛即佛。”具有魔的心灵你就将成为魔，拥有佛的心灵你就会成为佛。人在生活中是否幸福、快乐和成功，在很大程度上是由你的心灵决定的，是由你心灵的修炼程度决定的。

人的成功应该是由内而外的，唯有修炼好心灵，才能享受真正的成功与恒久的快乐。没有修炼好心灵，即使取得了成功，也不能保持长久。

在这个信息高度发达的社会里，人们所从事的职业也日新月异，20世纪80年代初，中国改革开放的大门刚刚打开，当个个体户就能发财，可是，很多人不敢；90年代初，中国金融市场和股票市场崛起，买种股票就能挣钱，可是，很多人不信；90年代末，中国步入了新经济信息时代，开个网站就能赚钱，可是，很多人不试。面对社会的竞争与挑战，面对人生的理想与前程，你是否想寻求再改变人生的机遇？李嘉诚，世界华人首富，他的成功秘诀就是抓住机遇，全力以赴！21世纪，是讲信息求效率的时代，抓住机遇，掌握成功！如何追寻成功的机遇，开启21世纪的成功之门，打开心门，张开慧眼，你准备好了吗？

我们的大脑就像是一部超级电脑，它已具备了举世无双的硬件，但要最大限度地开发出这些硬件的功能，还必须输入一些很好的软件。而这些软件的输入就需要我们主动打开自己的心门。

生活中我们总爱造一层厚厚的硬壳，把自己的心紧紧地包裹在里边，既不想走进别人心里，也不让别人走进来。

只是，如果谁都不打开自己的心门，世界将越来越缺少温暖与阳光。以至于在单位上班，彼此可以因为一个职称，闹得形同陌路；出门在外，两个陌生人可以由于一言不合，马上挥拳相向；街头巷尾，一些人遇到需要求助的人会绕道就走，连打个急救电话都嫌多事……

美国成功哲学家金·洛恩说过这么一句话：“成功不是追求得来的，而是被改变后的自己主动吸引来的。”所以，我们要改变自己，主动打开心门，这样才会迎来人生的春天。

我们想要打开自己的心门可以多跟身边的同事、同学接触，如果发现你可以信赖的人，他也可以信赖你，不妨交换一下心事，以心换心，他就会成为你可以信赖的朋友。

然而，打开自己的心门容易，怎样才能打开别人的心门呢?

一把坚实的大锁挂在铁门上，一根粗壮的铁杆费了九牛二虎之力，也无法将它撬开。

然后，钥匙来了，它瘦小的身子钻进锁孔，只轻轻一转，那只硕大的锁“啪”的一声就打开了。

铁杆完全不能理解:“我这么大的身体，费了那么大的力气都没有打开，为什么小小的你却能轻而易举地就把它打开了呢？”

钥匙说：“因为，我最了解它的心啊！”

对于这个故事，我们并不陌生，它所讲的道理也是耳熟能详的，但是，当我们真正面对客户、面对同事、面对上司的时候，还是会出现让人不够满意的情景：可能我们错误地理解了对方的意图，可能没有及时察觉到对方的想法，也可能没有准确把握住对方的态度……由于各种各样的原因，形成了职场路上的阻碍。

那么，怎样才能找到铁锁的“心”，扫除障碍，打开沟通的大门呢?性格是“心”的关键，要真正达成顺畅、有效的沟通，就必须理解彼此的个性差异。在职场当中，如果你能够准确了解对方的性格，并能迅速地打开他的心门，那么成功也会随之而来。

第三节　成功需要全身心投入

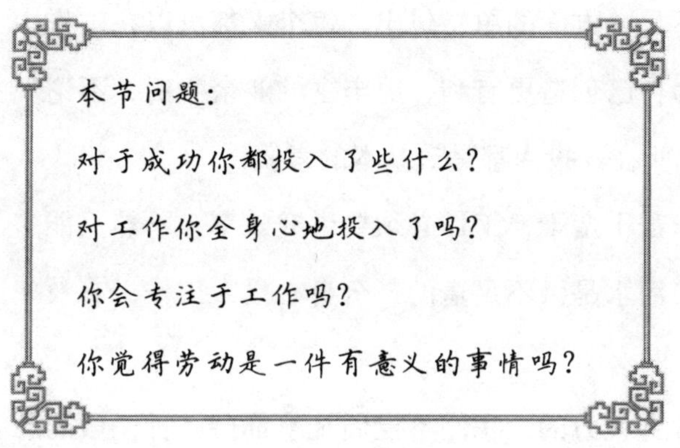

本节问题：

对于成功你都投入了些什么？

对工作你全身心地投入了吗？

你会专注于工作吗？

你觉得劳动是一件有意义的事情吗？

全身心投入工作是一种付出，一种奉献，甚至可能是一种牺牲。现在的社会不是说你全身心投入就一定会有结果，但是你不全身心投入一定没有结果。全身心投入是成功的基础。

一天，一位猎人带着他的猎狗去打猎，走着走着看到一只兔子，于是猎人开枪就打，把兔子打伤了，猎人就示意猎狗去追。猎狗跑着去了，猎人在那儿高兴地等着，等着收获他成功的果实。等了好长一会儿，猎狗回来了，累的满身是汗，上气不接下气地说："我没追上它，你看把我累的。"猎人没忍心训斥它，因为看到它也出了那么多汗，就问猎狗："兔子已经受伤了啊，而你是健康的，怎么会没有追上呢？"猎狗说："我已经尽力而为了。"

而这时，兔子已经跑到了自己的家，一副竭尽全能的样子。它的妈妈问它："你受了伤，而猎狗是健康的，你是怎么逃回来的啊？我的宝贝。"

兔子说："它是健康的，但是它追我是在尽力而为，而我为了逃命是在全力以赴！"

一个人的生命能否辉煌，一个人能否实现自己的梦想，取决于他心中的态度，对待事情是尽力而为呢？还是全力以赴？只有全力以赴才能达成成功！

每个人都需要一种对工作的正确的态度，这就要求我们在工作的时候必须全身心投入。工作并不是一方面的单一付出，每个人都可以在工作中磨炼出较高的能力，从而为自己创造更有利、更丰富的业余生活，不论现在的工作是不是自己的兴趣所在，投入都是最基本的素质。

但投入工作并不是一味苦干蛮干，工作必须要讲究效率，不然只能多做无用功。职场中的悔恨与泪水是微不足道的，全身心投入工作，有效率的付出，才能得到更大的回报。

专注于工作的人是非常有魅力的，我们不提倡凡事都持一种懒散的态度，对工作负责亦是对自己负责，全身心投入工作的人，想必内心一定是充实而快乐的。

有一位退休的老员工告诫他刚参加工作的儿子说："无论未来你从事何种工作，一定要首先对工作投入，而且要全身心投入。能做到这一点，就不会为自己的前途操心。世界上到处是散漫粗心、三心二意的人，那些心无旁骛、全身心投入工作的人始终是不用愁没有工作的。"这位老员工无疑是睿智的。他的话鲜明地揭示了一个放之四海而皆准的真理，也就是要强调的主题——一个人无论身居何处，无论从事何种职业，都要首先全身心投入其中，尽自己最大的努力，求得不断的进步。这不仅是工作的准则，也是人生的准则。那些在人生中取得过成

就的人，一定在某一特定领域全身心投入过。

有些人总是抱怨自己收入的太少，而不去考虑自己付出了多少。在一定程度上收获总是小于或等于付出，所以我们千万不要抱有不劳而获的心态。无论是在工作，还是在生活中没有付出就没有收获。要想有大的收获，就必须有大的付出。成功靠的是全身心的投入！

一般人都把劳动看成获得生活所需之粮食与报酬的手段，认为劳动的时间越短越好，工资则多多益善，其余时间要用来发展自己的兴趣，从事休闲活动，这样的人生才算丰富。抱持这种人生观的人认为劳动是人人都不愿意做而又必须去做的事。

然而，工作对人类而言，其实具有更深远、更崇高的价值与意义。劳动可以帮助我们战胜欲望，磨炼心性，培养人格，其目的不只是换取生活所需，因为换取生活所需只不过是劳动所附带的功能而已。

因此，以全部的精神投入每天的工作，是极为重要的事，唯有如此才能做到锻炼灵魂、提升心性的无上“修行”。

全身心投入工作就要用心工作。用心工作就要尽心做事。天下大事必作于细，天下难事必成于易，细节决定成败。做任何事情都要用尽心思抓落实，全力以赴抓推进，把复杂的事情简单化，分清轻重缓急，做到有条不紊。

用心工作就要全力成事。绳锯木断，水滴石穿。做工作最可惜的是半途而废，要想成事就要认认真真、扎扎实实地做事，绝不能松松垮垮、慢慢吞吞、拖拖拉拉应付工作。

用心工作的最高境界在于用脑谋事，尽心做事，全力成事，是全面完成和超额完成任务的重要保证，既要用力工作更要用心工作，才能加快发展步伐，才能实现振兴。

用不用心不仅仅是对待工作的态度，而且在很大程度上决定着工作的优劣成败。实现工作创新发展、创先争优，要用力，更要用心，做到用心想事、用心谋事、用心干事。

具体说来，要想使自己全身心地投入到工作中去，可以从以下几个方面着手：

第一，设定工作目标，要将期望达到的目标明确，这样工作起来才有动力。

第二，制订详细的工作计划，将目标分解成小的目标，按照先后顺序列出时间表，将你的时间与小目标结合起来，明确什么时间做什么。

第三，执行工作计划，请人监督也好，自我监督也好，一定要按照所制订的计划来做，要给自己一定的压力，每当完成一个目标之后记得给自己一点小小的奖励。

第四，养成良好的作息规律，坚持锻炼身体，保持身体的活力，毕竟身体是基础，劳逸结合才能事半功倍。

诸葛亮有句名言："夫君子之行，静以修身，俭以养德，非淡泊无以明志，非宁静无以致远。"只有始终保持一颗平常之心、平静之心、和谐之心，才能把精力用在事业上，多谋工作、少想自己，多讲付出、少虑得失；才能把本领用在工作的创先争优上，全心投入，聚精会神，竭尽全能，方可成功。

本章小结：

1.只要有成功的决心就铁定能成功！

2.成功需要打开心门，接纳一切！

3.只要全身心的付出，就一定能够成功！

卓越团队的共同理念之十八
没有失败，只有提前放弃

你不是天生下来就讨厌别人，你不是天生就会输给人家，天下也没有生下来就是没有信心的婴儿。

——杨可以

第一节　成功在于坚持

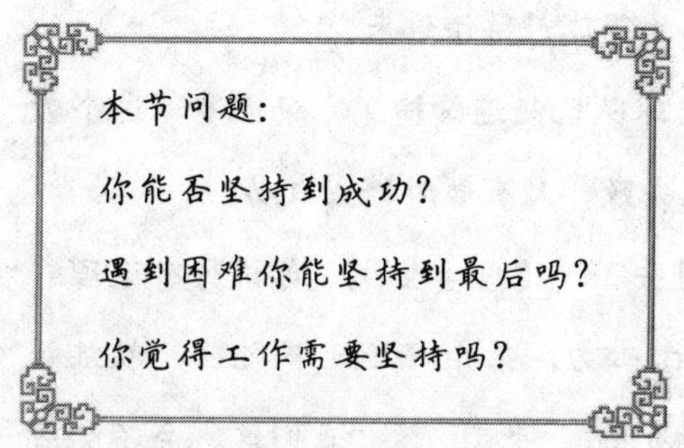

本节问题：

你能否坚持到成功？

遇到困难你能坚持到最后吗？

你觉得工作需要坚持吗？

在职场当中一个人能否成功，要看他有无恒心，能否善始善终。持之以恒是人人应有的美德，也是顺利完成工作的重要因素。很多人的失败都是因为半途而废，只有经得起风吹雨打及种种考验的人，才是最后的胜利者。因此，不到最后关头，绝不轻言放弃，要一直不断地努力下去，以求取得最后的胜利。

或许坚持到底说起来容易，做起来难，然而，能否坚持不懈，是一个人成功与失败的决定因素。

人生就像一场马拉松比赛，最初参加竞赛的人可以说是成千上万。但是跑出一段路程之后，参赛的人便渐渐少起来。原因是坚持不下去的人，逐渐自我淘汰了，而且越到后面人越少，全程都跑完能够冲刺的人更少，奖牌实际上就是在这些坚持到最后的人当中产生的。马拉松式赛跑与其说是赛速度，不如说是赛耐力，就是看谁能够坚持到最后。

做任何事情都和比赛一样，成功与失败往往只是一步或半步之差，因而起决定作用的只是最后那一瞬间。退出比赛的人永远不会获胜。

在美国有一个大学篮球教练，听说是全世界最顶尖的篮球教练，任何的球队输球，只要他去那里一季到两季就可以反败为胜，甚至可以打入全美大学的总冠军赛，或是夺得大学的总冠军。有一个学校的篮球队很烂，每年都输球，所以学生一到冬季的时候——因为美国冬季是打篮球的季节——看到那个篮球场就想要躲掉，因为他们球队实在是太烂了。于是这个学校的董事会决定要把全世界最棒的篮球教练请过来。

这个教练到的时候，这个大学篮球队已经连续输了十场比赛，这个教练跟他们讲，过去不等于未来，没有失败，只有暂时停止成功。

他把我那套激励的方法全部搬进去了。这些学生说：你讲得有道理。于是这个教练开始凝聚这个团队的向心力，第十一场比赛之前，教练就说："各位，你们有没有信心？"他们说："有！""我们这次会不会成功？""会！""这次会不会赢球？""会！"

第十一场比赛中场时间回到休息室，那个球队落后30分。天哪，球员都快哭出来了。这个教练就开始问了："在座的各位，请问你们觉得自己会输球吗？"他们说："不会。"嘴巴讲不会，但心里头已经说：铁定会，一定会死的，教练。

结果这个教练果然懂激励学。他说："在座的各位，假如今天篮球之神迈克·乔丹连续输了十场比赛，第十一场比赛中场落后30分，你们觉得迈克·乔丹会不会放弃？"球员一致回答："不会。""你们觉得当钟声还没有响起来，虽然处于落后的状态，拳王阿里会不会放弃，各位？""不会！"

"你们觉得发明电灯的爱迪生当他还没有发明出电灯之前，请问各位，爱迪生会不会放弃？""不会！"他们一一回答不会不会不会……

"请问你米勒会不会放弃？"

全场傻眼，有人就举手："报告教练，谁是米勒，米勒是个什么鬼东西呀，怎么连听都没有听过？”

教练说：“这个问题问得非常好，”他说，“米勒以前比赛的时候放弃，所以你就没有听过他的名字。”

全场哑然，大家都暗自鼓足了劲，最终赢得了那场比赛。

一个人无论干任何事情，都要能够坚持下去，坚持下去才能取得成功。一个人做一点事情并不难，难的是能够持之以恒地做下去，直到最后成功。

不管你身在任何行业，只要是方法正确，坚持到底，成功一定会属于你！

美国销售员协会的一项调查研究指出，不能坚持是销售失败的主要原因。

请看以下统计数字：

有48%的推销员找过一个客户之后就不干了；

有25%的推销员找过两个客户之后就不干了；

有15%的推销员找过三个客户之后就不干了；

有12%的推销员找过三个人之后，继续干下去，而80%的生意恰恰就是这些推销员做成的。

坚持不懈地付出努力，是优秀推销员取得良好业绩的不二法门。

而另一项调查显示，“只制定目标而不执行”，是98%的人不成功的主要原因：

70%的人一生之中对目标只抱着愿望而已，这些愿望就像一阵风一样，没有办法成就任何事情；

10%的人将他们的愿望转变成欲望，他们一再地想得到喜欢的东西，但欲望也仅此而已；

大约8%的人把愿望和欲望变成希望，但他们害怕想象他们的美梦成为现实的情形；

极少数的人把希望转变成确信，他们期待他们真的能得到所想要的东西。这些人只有6%；

4%的人将他们的愿望、欲望和希望转变成确信之后又再进一步将确信转变成强烈的欲望，最后转变成一种信心；

只有2%的人除了采取最后两个步骤之外，还制订达到目标的计划，他们以积极心态去执行他们的计划。

一个人在工作中一旦养成了有始无终、半途而废的坏习惯，就永远不可能出色地完成任何任务。有时候可能依靠一些小伎俩能够蒙混过关，但是，纸包不住火，时间长了总会被发现。

有些人业绩不好，总是抱怨客观条件，而没有去自我反省一下：自己是否善始善终地把工作进行到底了？如果不是，这就是你为什么失败的原因。对于任何一件工作，要么不做，要做就要有始有终、彻彻底底地去完成它。

如果能够有一份自己喜欢的工作固然是一件好事，但是很少有人能够找到一份自己感兴趣、又能发挥个人潜能、还能得到领导和同事认可的工作，所以，有的人在职场当中表现得摇摆不定，频繁跳槽，这就无法在某一领域中积累足够的经验和能力。

很多时候，成功只在于再坚持一会儿。在任何情况下，都不要轻言放弃。要知道，“谁笑到最后，谁才是真正的赢家！”而促使你笑到最后的必定是你的执着与敬业精神，正是这种精神促使你一次次地绞尽脑汁来解决问题，而每一个问题的解决又能促使你更加自信、更加执着与敬业。

第二节　战胜挫折就能成功

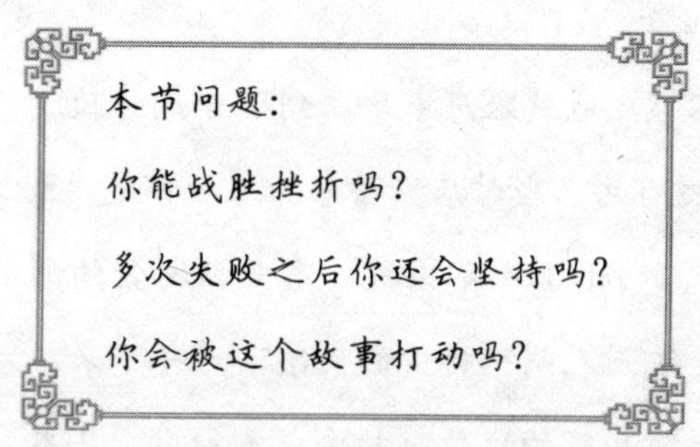

本节问题：

你能战胜挫折吗？

多次失败之后你还会坚持吗？

你会被这个故事打动吗？

你或许听过这个故事：一个中国商人的巴黎奋斗史，多次失败，不断受挫，最终成为成功的商人。

一位17岁就闯荡巴黎的温州人，在生存压力和致富梦想下不断创业，又不断受挫，最终历练成了一位成功的商人。他的故事，是15万温商在巴黎的生存缩影。他就是蔡良勇。

蔡良勇，到巴黎两年后，他跟另外一个制衣技术娴熟的同乡一起看中了一处店铺，打算要合伙开一家服装店，各出一半资金。

温州人当中有个非常流行的“标会”制度，就是大家出钱帮助一个想做生意的人，省去他积攒原始资金的时间，然后这个人再以每月固定的额度还给其中一人，直至还掉全部负债。这种方式在贷款困难的民营小企业中非常有效，同乡之间也互相信任。

蔡良勇绞尽脑汁，把所有认识的人都找到了，标了一个会。但他筹到的钱距离投资的需要还差5万法郎，无奈之下，他把自己租来的一房一厅以每月300法郎的价格租给了别人，条件是对方要出押金5万法郎。

他出的租价实在非常低，但收押金的主意却解决了他的燃眉之急。新的店铺日后也可作为临时住所。出租合同终于在他的租店铺合同签约的前一天落实了，不过按规定，新房客要在搬进去之后才最终付钱。

为了能顺利签到第二天的店铺，他决定提前一天搬出去，让房客入住。那是一个难熬的无家可归的夜晚，他揣着押金，提着行李，在巴黎灯火闪耀的大街上整整走了一晚。

店铺落实了，但买设备的钱还不够，他就跟厂家争取到了分期付款。然而，由于没有开店经验，他们还是吃了亏。当时店里请来的工人都是“黑工”（没有申报工作合同的雇用工），由于工人不报税，完全以现金的形式支付工资，而收入的货款基本上是法国人明码标价的支票。一年下来，公司账面上的利润非常高，但需要上缴高额的税款，扣除成本费用，基本上没赚到什么钱。

那位合伙的同乡认为这桩生意的利润还不如自己以前的收入，决定放弃跟蔡良勇的合作。但蔡良勇此前“标会”的负债还未还清，如果退出就丧失了还债的机会。于是他咬牙退还了对方的资金，一个人把这间店撑了下来。但这种挣扎是没有意义的，他的经营如雪上加霜，没多久就把店铺关门卖掉了。还了剩下的债，他已身无分文。

“我从那天起非常理解地铁里的乞丐。”蔡良勇后来说。他那时坐在地铁的过道里，抱着膝盖，呆呆地看着那些悠然自得、弹唱讨钱的乞丐。

挫折真的不可怕！

但他还是很快振作起来，重新租了一个工厂，仍然加工衣服。这时，他发现自己陷入了管理困境中。他给的工资低，工人做工就很慢，效率上不去。后来，他提高了工资，速度马上快了起来。但工人们的心眼儿也随着经验在积累，有时他计件算好了工人的工作量，但趁他出去接电话的几分钟，有的工人又偷偷拿回来几件，算在新一轮的工作里。

生意慢慢发展起来，他手头开始有了十几万法郎的资金，想发展更大的工厂做自己的产品。他在华人集中的巴黎3区晃了几圈，就决定生产男士游泳裤。因为他看到泳裤店的生意很好，特别是缝剪非常简单，不用请设计师，只要选好花布就行了。

但就在他雄心勃勃地展开自己制造成衣的计划之时，却发现他新租的大工厂原来是一家犹太人的工厂，犹太人就是因为雇用黑工加逃税被警察局查封的，这里自然成了重点监督对象。他的工厂没多久就被查抄，工人全部被赶走。他的工厂再次走到了资金周转不灵的末路。

这次将钥匙交给别人，除了身无分文，还背上了不少的债务。但对他来说，这反正不是第一次破产了。

这样的挫折并没有把蔡良勇击倒，之后他还经历了一次又一次的挫折，但是他都没有放弃，最终成为一名成功的商人。

所有成功的故事都是曾经遭受巨大失败的故事，两者的唯一不同就在于，那些最终成功的人们能在每次失败之后都重新站起来。而有些人之所以失败，是因为没有勇气看到这一规律。

在生活中，挫折是不可避免的。挫折并不总是不利的，它们能起到推动的作用，同时教会我们要谦虚，不要骄傲。遇到挫折时，我们要在悲伤之余找到克服挫折的力量和勇气。我们需要学会成为战胜挫折的胜利者，而不是成为挫折的牺牲品。犹豫和胆怯都只能使我们目光短浅，停滞不前。

每个人的工作当中都会遇到这样、那样的挫折，只有战胜挫折、坚持到底，才能取得最终的成功。那么当我们遇到挫折的时候，我们应该怎样做呢？

1. 确立忍耐制胜的法则

面对“失败”要持正确健康的态度，不要恐惧失败，要懂得失败乃是成功必经的过程。焦点不要对着过错与失败！应对准远大的目标，活用自己的过错或失败。遇到失败时，千万不能气馁，要坚韧不拔，矢志不移。发现此路不通时，要设法另谋出路，使自己顺应环境，适应潮流。要善于伺机，巧于借势，等待机遇。

2. 正确认识和评价自己

正确认识和评价自己，了解自己的兴趣、能力、特长和性格，明白自己的长处和短处，扬长避短，量力而行。调整好自己的目标，既不要太高，也不要太低。太高的目标容易使我们经历挫折，目标太低容易达到就不能产生满足感，同样会失去自信。只有选择适合自己能力的目标，才能把握自己，实现愿望。

3. 优势比较法

想想那些在职场上比自己受挫更大、困难更多、处境更差的人，寻找分析自己没有受挫感的方面，即找出自己的优势点，强化优势感。

4. 痛定思痛

当自己从挫折中重新站起来之后，应认真审视自己的受挫过程，多从自身找原因，接受受挫的事实，克服工作中自身存在的问题。

总之，我们要正确地认识和对待挫折，挫折是不可避免的，只不过每个人对于自己会在什么时候，遇到什么样的挫折难以预料罢了，所以我们对于挫折要有所准备。要认识到生活中不仅仅有鲜花和微笑，还有困难和泪水。同时我们也要明白，正是挫折和失败才使我们变得聪明和成熟，正是失败本身才最终造就了成功。所以，遭遇挫折时我们要表现出一种豁达和从容，坚持到底，静待成功。

第三节　成功者不放弃，放弃者不成功

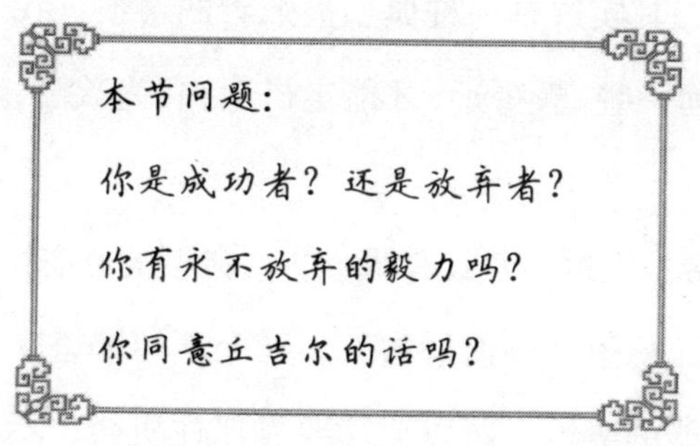

丘吉尔一生最精彩的演讲，也是他最后的一次演讲。在剑桥大学的一次毕业典礼上，整个会堂有上万个学生，他们正在等候丘吉尔的出现。正在这时，丘吉尔在他的随从陪同下走进了会场并慢慢地走向讲台，他脱下他的大衣交给随从，然后又摘下了帽子，默默地注视所有的听众，过了一分钟后，丘吉尔说了一句话："Never give up！"（永不放弃）丘吉尔说完后穿上大衣，戴上帽子，离开了会场。这时整个会场鸦雀无声，一分钟后，掌声雷动。

永不放弃！永不放弃有两个原则，第一个原则是永不放弃，第二个原则是当你想放弃时回头看第一个原则：永不放弃！

成功者与失败者并没有多大的区别，只不过是失败者走了九十九步，而成功者走了一百步。失败者跌倒的次数比成功者多一次，成功者站起来

的次数比失败者多一次。当你走了一千步时，也有可能遭到失败，但成功却往往躲在拐角后面，除非你拐了弯，否则你永远不可能成功。

在现实工作之中，往往有许多推销员对失败的结论下得太早，当遇到一点点挫折时就对自己的工作产生了怀疑，甚至半途而废，那前面的努力就白费了。唯有经得起风雨及种种考验的人才是最后的胜利者，因此，如果不到最后关头就绝不轻言放弃，永远相信：成功者不放弃，放弃者不成功！

在生意场上很多人，刚开始起步就想要得到回报，没有回报就会选择放弃。这些人把放弃当做一种习惯，其实这是一种典型失败者的习惯。我们无论做什么事情都要把眼光放长远一些。看得远，才能走得远，目光狭隘，只盯住眼前利益是不会有所成就的。

美国著名成功学大师拿破仑·希尔说过：穷人有两个非常典型的心态：一是，永远对机会说“不”；二是，总想“一夜暴富”。天上不掉馅饼，不努力就随随便便成功几乎是不可能的事情，所以成功要靠抓住机会，不要放弃。

犹太人有句名言：没有卖不出去的豆子。卖豆人如果没有卖出豆子，他可以把豆子拿回家，加入水让它发芽，几天后，卖豆人可以改卖豆芽；

如果豆芽卖不动，那么干脆让它长大些，卖豆苗；而豆苗如果卖不动，再让它长大些，移植到花盆里，当做盆景来卖；如果盆景卖不出去，那么就再将它移植到泥土里，让它生长。几个月后，它就会结出许多新豆子。一粒豆子，变为成百上千颗豆子，这不是一种更大的收获吗？！犹太人正是靠这种坚韧不拔的毅力、锲而不舍的精神、直面困难的勇气在世界上立足的。

看到犹太人卖豆子的故事，真被他们的智慧和执着所打动。卖不出豆子卖豆芽，卖不出豆芽卖豆苗，卖不出豆苗卖盆景，卖不出盆景就埋到土壤里，辛勤耕耘，等待来年的丰收。

有人将这个故事延伸至：如果新豆子要是还卖不出去，可以打磨成浆，卖豆浆；如果豆浆也卖不出去，那么就干脆将它做成豆腐脑，卖豆腐脑；而如果豆腐脑还卖不出去，就再将它压成豆腐卖；如果豆腐还是卖不出去，那就索性将其做成豆腐干卖；实在卖不出，甚至放坏了、放臭了，还可以做成臭豆腐，绝对能香飘万里！

人生也是一样，虽然会遇到挫折，但只要拥有乐观的心态和创新的头脑，就一定会想出解决的办法，从而获得成功。一颗豆子在被人们冷落的时候，都可以这样千变万化，难道我们还没有一颗豆子坚强吗？

人的一生不可能一帆风顺，谁都会遇到意想不到的困难和挫折，面临各种突如其来的危机和风险。面对这些随时都可能出现的考验，是该放弃还是坚持？不同的人会有不同的选择。放弃就会失去更多；坚持并用你的智慧战胜困难，你就会收获“更多的豆子”。

真的，人生就像一粒豆子，在成长的过程中充满无数的机遇，千万不要因为一时受挫或遭人冷落而放弃自己、看扁自己，只要你努力改变自己、发展自己，你人生的旅途就会充满机遇！只要我们有“豆子”般的毅力，就不怕卖不出去。

电影《士兵突击》中许三多说得最经典和最流行的一句话就是：不抛弃、不放弃。做任何事情只有坚持不放弃才能够成功，一些关于不放弃的句子让我们懂得在成功的道路上绝不放弃，放弃者绝不成功！

我们可以接受失败，但我们不能接受放弃！

被击倒并非最糟糕的失败，放弃尝试才是真正的失败。

成功者绝不放弃，放弃者绝不成功！

伟人之所以伟大，是因为他与别人共处逆境时，别人失去了信心，他却下决心坚持了下来。

谁都知道黎明前是最黑暗的时刻，黑夜过后就会迎来光明，然而很多人由于受不了挫折和打击，倒在了黑暗里。只有经历了暴风雨洗礼后坚持下来的人才是可贵的。我们要始终相信“心若在，梦就在”、不被事物表象所迷惑，坚持到最后一刻，那么一定就能修成正果，成为一个成功者。

成功者不放弃，放弃者不成功，永远是至理名言！我们要铭记于心！

本章小结：

1. 成功者绝不放弃，放弃者绝不成功！

2. 如果早知道要放弃，当初就不应该开始！

3. 坚持走稳人生的每个阶段，这个过程太重要了！